Carpaccio

77 hauchdünne Köstlichkeiten
von Gerd Käfer

KOSMOS

Inhalt

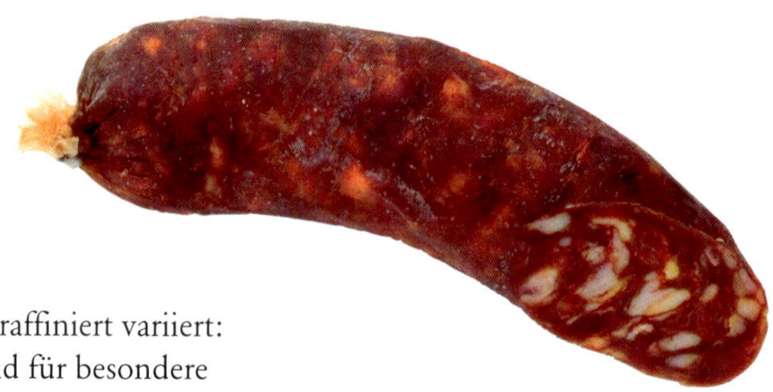

Der Klassiker aus Rindfleisch raffiniert variiert: edles Kalbsfilet und Kobe-Rind für besondere Anlässe; herzhafte bayrische Schmankerln aus hauchdünn geschnittener Weißwurst; Wild, Ente, Geflügel und zarte Scheiben vom Tafelspitz, die auf der Zunge zergehen.

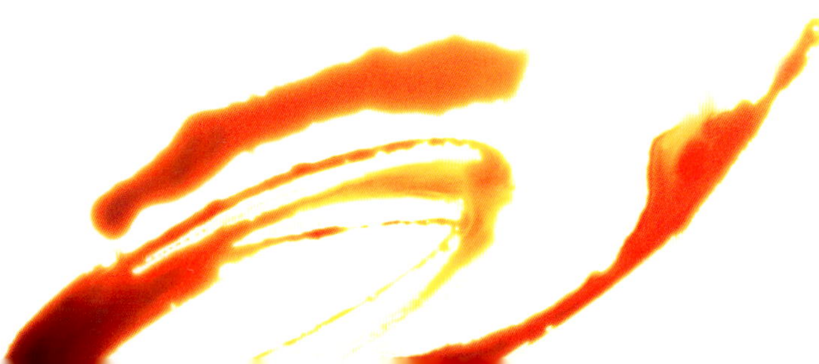

Carpaccio
Scheibchenweise Hochgenuss

Hauchdünne Scheiben von rohem, leuchtendrotem Rindfleisch, zart mit einer cremeweißen Sauce beträufelt – so sah das Original-Carpaccio aus, wie es Giuseppe Cipriani 1950 in „Harry's Bar" in Venedig erfand. Er kreierte es der Legende nach für eine Stammkundin, die Contessa Amalia Nani Mocenigo, deren Arzt ihr den Verzehr von gekochtem Fleisch untersagt hatte. Cipriani schnitt ein Rinderfilet in hauchdünne Scheiben und servierte es mit seiner „Universalsauce" aus Mayonnaise, Worcestersauce, Zitronensaft, Salz, Pfeffer und ein wenig Milch. Da zur gleichen Zeit in Venedig eine Ausstellung des berühmten venezianischen Renaissance-Malers Vittorio Carpaccio stattfand, der vornehmlich in kräftigen Rot-, Gelb- und Weißtönen malte, ließ sich Cipriani von ihm inspirieren und nannte sein neues Gericht zu Ehren des Malers „Carpaccio".

Das Gericht ging um die Welt und inzwischen wird der Begriff Carpaccio als Synonym verwendet für alle Speisen, die aus sehr dünn geschnittenen, rohen oder gegarten, marinierten Zutaten bestehen, wie Fleisch, Fisch und Krustentiere, Gemüse und Obst. Auch das klassische Rinder-Carpaccio wird nur noch selten mit Ciprianis Sauce serviert, sondern meistens mit Olivenöl und Zitrone oder einer Vinaigrette angemacht und mit gehobelten Parmesanspänen bestreut.

In diesem Buch finden Sie 77 Rezepte für köstliche Carpaccios, die Sie als Vorspeise oder Hauptgericht servieren können – oder als fruchtiges Dessert. In der kleinen Carpaccio-Schule zu Beginn des Buches erfahren Sie zudem alles Wissenswerte über Zutaten, Zubereitung, Anrichten und Dekorieren. Damit können Sie auch eigene Kreationen ausprobieren.

Die Kunst des Carpaccio-Schneidens

Die erste Frage zum Carpaccio lautet: „Wie bekommt man diese hauchdünnen Scheiben hin?“ Für Obst und Gemüse nehmen Sie am besten einen Sparschäler oder auch einen Gemüsehobel. Für Fleisch und Fisch gibt es zwei Möglichkeiten:

1 Schneiden und klopfen: Fleisch oder Fischfilet in dünne Scheiben schneiden, mit großem Abstand zwischen einen aufgeschnittenen Gefrierbeutel legen. Mit einem Fleischklopfer vorsichtig flach klopfen oder mit einem Nudelholz sanft ausrollen.

2 + 3 Anfrieren und schneiden: Das Filet fest in Frischhaltefolie einwickeln und 1–2 Stunden im Tiefkühlfach anfrieren lassen. Dann mit einem sehr scharfen Messer oder einer Aufschnittmaschine in dünne Scheiben schneiden.

4 Gefülltes Carpaccio: Das Filetstück auf der Längsseite schräg einschneiden, dann kreisförmig weiterschneiden und das Filet dabei auseinanderrollen. Mit der Füllung bestreichen und wieder aufrollen. Fest in Folie wickeln, anfrieren lassen und hauchdünn aufschneiden.

1

2

3

4

Das Werkzeug

Zum Schneiden von Fleisch und Fisch benötigen Sie ein hochwertiges Messer (1) mit langer, glatter, extrem scharfer, sehr dünner Klinge, z. B. ein japanisches Messer oder ein Messer mit Keramikschneide. Auch eine Aufschnittmaschine ist ideal. Wichtig ist, dass sie ein Messer mit glatter Schneide und eine präzise Schnittstärkeneinstellung hat.

Für Gemüse und Obst nehmen Sie am besten einen Trüffelhobel (2) mit verstellbarer Klinge oder einen Sparschäler (3).

Fleischklopfer zum Plattieren (4) gibt es aus verschiedenen Materialien, aber auch ein schwerer Stieltopf tut es.

Fleisch und Fisch lassen sich auch mit einer Teigrolle (5) unter sanftem Druck dünner ausrollen.

Das Dressing

Für die geschmackliche und optische Ergänzung der zarten Grundlage sorgt das passende Dressing. Bei dieser Rezeptauswahl ist für jedes Carpaccio die richtige Begleitung dabei.

Weißes Dressing

Sehr dekorativ ist eine zart über Fleisch oder Gemüse geträufelte Sauce aus Mayonnaise, Schmand oder Joghurt, Zitronensaft, Salz und Pfeffer. Mit wechselnden Zutaten wie Kräutern, Meerrettich, Kapern oder Curry kann man sie immer wieder abwandeln.

Vinaigrette

Die klassische Marinade aus 1 Teil Essig, 2–3 Teilen Öl, Salz und Pfeffer ist perfekt zu Rindfleisch und Gemüse. Sie kann vielfältig variiert werden, z. B. mit Senf, Zwiebeln, Kräutern, Kapern, Champignons, Preiselbeeren etc.

Öl-Zitronen-Dressing

Hierbei wird der Essig aus der Vinaigrette durch Zitronen- oder Limettensaft ersetzt. Das frisch-fruchtige Aroma passt besonders gut zu Fisch und Meeresfrüchten. Verfeinern kann man z. B. mit Thymian, Korianderblättchen oder Dill.

Pesto

Je nach verwendeten Kräutern schmeckt die Paste zu vielen Sorten Fleisch, Fisch und Gemüse. Sehr vielseitig verwendbar ist Petersilienpesto: Ein Bund gewaschene, abgetrocknete Petersilie mit 1 Knoblauchzehe, 50 g Mandeln, 50 g Parmesan, ca. 80 ml Öl, Salz, Pfeffer und etwas Zitronensaft im Mixer pürieren. Kräuter, Nüsse und Käse können Sie nach Belieben austauschen.

Beerensauce

Himbeeren, Erdbeeren oder Brombeeren, mit einem Spritzer Zitronensaft und etwas Puderzucker aufgekocht und durchs Sieb gestrichen, ergeben eine fruchtige Begleitung für Ananas-, Melonen- oder Apfel-Carpaccio.

Aromatisierte Öle und Essig

Öl und Essig sind gute Aromaträger und nehmen leicht andere Aromen, z. B. von Kräutern, Gewürzen und Beeren, an. Mit solchen selbst gemachten Würzzutaten kann man jedem Carpaccio eine besondere Note verleihen. Die Herstellung ist sehr einfach, als Grundlage eignen sich am besten mildes Olivenöl, Weißwein- oder Obstessig.

Kräuteressig

Estragon passt z. B. sehr gut zu Jakobsmuschel- oder Spargel-Carpaccio, Thymian zu Fisch, Basilikum zu Zucchini- oder Kalbfleisch-Carpaccio, Bärlauch zu Tomaten. Gewaschene, gut abgetrocknete Kräuter in Weißweinessig 2–3 Wochen auf der Fensterbank ziehen lassen, abseihen und in eine Flasche füllen. Hält sich ca. 1 Jahr.

Kräuteröl

½ Bund Kräuter (z. B. Basilikum, Rosmarin, Thymian, Minze, Lavendel, einzeln oder gemischt) waschen und sorgfältig trocken tupfen. In eine Flasche mit 500 ml Öl geben und 3 Wochen ziehen lassen – fertig.

Fruchtessig

Himbeer-, Erdbeer- oder Brombeeressig schmecken fruchtig-mild und passen gut zu Entenbrust- und Obst-Carpaccio. Aromatisch-frischer Zitronenessig verfeinert z. B. Fisch- oder Möhren-Carpaccio. So kann man die Spezialitäten selber herstellen: 200 g frische oder tiefgekühlte Beeren bzw. Saft und Schale von 2 unbehandelten Zitronen mit 400 ml Obstessig übergießen, 1 Woche ziehen lassen, durch ein sauberes Tuch gießen und in eine Flasche füllen. Hält sich ca. 6 Monate.

Balsamico-Creme

Balsamico-Creme gibt es inzwischen in jedem Supermarkt, man kann sie aber auch ganz einfach selbst herstellen. Dazu Balsamico di Modena und Traubensaft im Verhältnis 1:1 unter gelegentlichem Umrühren köcheln, bis sich die Menge auf ¼ reduziert hat. Evtl. mit etwas Zucker oder Honig süßen. Beim Abkühlen dickt die Creme nach. Perfekt zum Würzen und Garnieren nicht nur von Fleisch, Fisch und Gemüse, sondern auch von Obst, z. B. Erdbeeren, Ananas oder Pfirsich.

Das Topping

Parmesanspäne auf dem Rindercarpaccio, ein Kressenest auf hauchdünnen Kabeljauscheiben oder geröstete Kokoschips auf Mango – das Topping krönt das Carpaccio nicht nur optisch, sondern rundet es auch geschmacklich ab. Hier ein paar Ideen.

Nüsse und Kerne

Gehackt, gehobelt, gestiftelt oder im Ganzen bringen sie Geschmack und Knackigkeit auf jedes Carpaccio. Durch Rösten in einer Pfanne ohne Öl kann man ihr Aroma noch intensivieren. Probieren Sie z. B. Pinienkerne zu Rindfleisch oder Rote Bete. Sesamsamen passen toll zu Fisch- und Muschelcarpaccio, Mandeln und Cashewnüsse harmonieren sehr gut mit Geflügel und Pistazien sind eine besonders leckere Deko für Obst-Carpaccios.

Essbare Blüten

Viele Blüten sind essbar und deshalb nicht nur ein Genuss fürs Auge sondern auch für den Gaumen – vorausgesetzt, sie sind ungespritzt aus dem eigenen Garten oder dem Feinkostgeschäft. Rosen, Gänseblümchen, Kapuzinerkresse, Chrysanthemen, Borretsch, Veilchen, Ringelblumen, Stiefmütterchen, Kornblumen, Zucchiniblüten etc. sind pur oder kandiert (aus dem Feinkostgeschäft) eine wunderschöne und leckere Deko auf vielen Carpaccios.

Käse

Zu Rindfleisch passt z. B. herzhafter Parmesankäse, mit einem Sparschäler in dekorativen Locken abgezogen. Ziegenfrischkäse harmoniert toll mit Gemüse wie Paprika und Zucchini aber auch mit Apfel oder Feigen. Zum Beispiel mit einem Melonenkugelausstecher kleine Bällchen abstechen und auf dem Carpaccio verteilen. Fein zerkrümelter oder in dünne Scheibchen geschnittener Blauschimmelkäse ist eine herzhafte Ergänzung zu Schweinefleisch, Birnen- oder Kohlrabi-Carpaccio.

Kräuter und Sprossen

Aromatische Kräuter, als Sträußchen, ganze Blättchen oder in feine Streifen geschnitten und knackige Keimlinge sind eine leckere Deko. Besonders dekorativ sind zartlila Kohlrabisprossen, dunkelrote Sprossen von rotem Rettich oder Zwiebelsprossen mit schwarzen Samen an zartgrünen Trieben. Keimlinge können mild, aber auch würzig-scharf oder nussig schmecken. Weizen-, Leinsamen- und Roggensprossen haben einen süßlichen Geschmack und eignen sich deshalb wie auch Minze und Zitronenmelisse sogar für Obst-Carpaccios.

Carpaccio anrichten leicht gemacht

Auf klassische Weise wird Carpaccio auf großen, flachen Tellern kreisförmig angeordnet, wobei sich die hauchdünnen Scheiben dachziegelartig überlappen. Zu Hause sind Ihrer Fantasie beim Anrichten aber keine Grenzen gesetzt.

1 Ganz klassisch:
Geben Sie zuerst etwas Marinade auf den Teller, damit das Fleisch nicht festklebt. Beginnen Sie mit dem äußeren Kreis und legen Sie die Scheiben spiralförmig nach innen weiter.

2 Einfach variieren:
Erfinden Sie eigene Arrangements und richten Sie das Carpaccio z. B. fächerförmig oder in Reihe auf einer eckigen Platte an und „zeichnen" Sie mit Dressing und Toppings Muster.

3 Fürs Partybuffet:
Servieren Sie das Carpaccio als Fingerfood auf gerösteten, mit Rucola belegten Baguettescheiben oder um Grissinistangen gewickelt.

4 Gut vorbereiten:
Die belegten Teller können, ohne Dressing und Toppings, mit Frischhaltefolie umspannt, einige Stunden im Kühlschrank aufbewahrt werden.

Die Beilagen

Je nachdem, ob das Carpaccio als leichte Vorspeise oder vollwertiges Hauptgericht dienen soll, können Sie dazu z. B. Brot, einen Salat oder warme Beilagen anbieten. Frisches Baguette oder Ciabatta passt zu jedem Carpaccio. Zu Fleisch, Fisch und Gemüse können Sie es auch mit etwas Olivenöl, Knoblauch und Kräutern anrösten und als Crostini servieren oder in kleine Würfel schneiden und als Croûtons über die Scheiben streuen.

Fleisch

Rinderfilet-Carpaccio
mit warmem Kartoffel-Oliven-Dressing

Für 4 Personen
Zubereitungszeit: 40 Minuten

400 g Rinderfilet
Fleur de Sel, Pfeffer
Schale von 2 Limonen
2 festkochende Kartoffeln
200 ml Gemüsebrühe
8 EL weißer Balsamico
4 EL Weißwein
2 TL Senf, 8 EL Olivenöl
1 Bund Majoran
8 schwarze Oliven
Salz, Pfeffer, Zucker
1 Bund Rucola

Das Rinderfilet straff in Klarsichtfolie einrollen und ca. 90 Minuten anfrieren lassen. Aus der Folie wickeln, mit einem scharfen Messer in dünne Scheiben schneiden und zwischen geölter Klarsichtfolie vorsichtig plattieren. Locker in der Mitte der Teller anrichten und mit Fleur de Sel, grobem Pfeffer aus der Mühle und Limonenschale bestreuen.

Für das Dressing Kartoffeln in Salzwasser garen, schälen und durch ein feines Sieb streichen. Mit Gemüsebrühe, Balsamico, Weißwein, Senf und Öl zu einem sämigen Dressing verrühren. Majoran und Oliven hacken und untermischen. Mit Salz, Pfeffer und Zucker abschmecken. Das Dressing lauwarm über dem Carpaccio verteilen.

Rucola waschen und trocken schleudern. Mit dem restlichen Kartoffel-Oliven-Dressing marinieren und locker auf dem Carpaccio anrichten.

Almochsen-Carpaccio
mit Joghurt-Senf-Creme

Für 4 Personen
Zubereitungszeit: 20 Minuten

400 g Almochsenfilet
6 EL Olivenöl
Saft von 1 Zitrone
Salz, Pfeffer aus der Mühle
100 g Schmand
50 g Joghurt
1 TL grober Dijonsenf
4 EL Milch
Saft von 1 Limone

Das Rinderfilet leicht anfrieren und mit einem scharfen Messer in dünne Scheiben schneiden. Zwischen geölter Klarsichtfolie gleichmäßig dünn klopfen. Die Teller mit Olivenöl einpinseln und die dünnen Filetscheiben darauf anrichten.

Die Fleischscheiben mit Öl bestreichen, mit Zitronensaft marinieren, salzen und pfeffern. Schmand, Joghurt, Senf, Milch und Limonensaft zu einer glatten Creme verrühren. Mit Salz und Pfeffer abschmecken und das Carpaccio damit beträufeln.

Rinderfilet-Carpaccio
mit Steinpilzen und Limonendressing

Für 4 Personen
Zubereitungszeit: 20 Minuten
Kühlzeit: 60 Minuten

200 g Rinderfilet
8 EL Olivenöl
1 Zweig Rosmarin
1 Knoblauchzehe
Saft und Schale von 2 Limonen
150 g frische Steinpilze
Fleur de Sel
schwarzer Pfeffer aus der Mühle

Das Rinderfilet mit Olivenöl einstreichen, mit Rosmarin bestreuen und fest in Klarsichtfolie einwickeln. Ca. 60 Minuten einfrieren.

Währenddessen die Teller mit Knoblauch abreiben und mit Limonensaft und Olivenöl bestreichen. Rinderfilet aus dem Eisfach nehmen und mit einem scharfen Messer in sehr dünne Scheiben schneiden.

Die Steinpilze putzen und in dünne Scheiben schneiden. Rinderfilet und Pilze abwechselnd fächerförmig auf den Tellern auslegen. Mit Fleur de Sel und Pfeffer würzen, mit Limonensaft und Olivenöl bestreichen und 2 Minuten marinieren lassen. Etwas Limonenschale darüberreiben.

Gerd Käfer TIPP
Ein schnelles und einfaches Gericht aus erstklassigen Produkten, die möglichst naturbelassen am besten schmecken. Die Steinpilze können durch andere Pilze der Saison ersetzt werden.

Gefülltes Rinderfilet-Carpaccio
mit Kräuter-Senf-Creme

Für 4 Personen
Zubereitungszeit: 20 Minuten
Kühlzeit: 2 Stunden

je 1 Bund Kerbel, Thymian und Rosmarin
70 g Frischkäse
50 g Dijonsenf
Salz, Pfeffer
200 g Rinderfilet
Olivenöl
Saft von 1 Limone
80 g Parmesan

Die Kräuter waschen und von den Stielen zupfen. Etwas Kerbel beiseitelegen, den Rest mit Thymian und Rosmarin fein hacken. Mit Frischkäse und Senf zu einer glatten Creme verrühren und abschmecken.

Das Filetstück auf der Längsseite schräg einschneiden, dann kreisförmig weiterschneiden und das Filet dabei auseinanderrollen. Mit der Füllung bestreichen und wieder aufrollen. Straff in Klarsichtfolie und dann in Alufolie wickeln und für 2 Stunden im Eisfach des Kühlschranks anfrieren lassen.

Die Roulade aus der Folie wickeln und auf der Aufschnittmaschine in dünne Scheiben schneiden. Auf geölten Tellern anrichten und mit Limonensaft und Olivenöl bestreichen. Mit Salz und Pfeffer aus der Mühle bestreuen und mit den Kerbelblättchen garnieren. Parmesan darüberhobeln.

Kalbsfilet-Carpaccio
mit Limetten-Kapern-Butter

Für 4 Personen
Zubereitungszeit: 20 Minuten

400 g Kalbsfilet
Salz, Pfeffer
1 Schalotte
150 g Butter
Saft von 1 Limone, Weißwein
2 EL Kapern (aus dem Glas)
frischer Thymian zur Garnitur

Kalbsfilet in dünne Scheiben schneiden und auf warmen Tellern anrichten. Mit Salz und Pfeffer würzen. Schalotte schälen und fein würfeln. In etwas Butter glasig dünsten, mit Weißwein und Limonensaft ablöschen.

Fond kurz einreduzieren lassen, vom Herd nehmen, Kapern und den Rest der Butter zugeben. Kurz ziehen lassen und die flüssige Kapern-Limonen-Butter über das Carpaccio geben. Mit frischem Thymian bestreuen.

Kobe-Beef-Carpaccio
mit weißem Sommertrüffel und Beluga-Kaviar

Für 4 Personen
Zubereitungszeit: 20 Minuten

30 ml Olivenöl
Salz, Pfeffer
200 g Wagyu-Kobe-Beef
Olivenöl, Limonensaft
2 Limonen
100 g weiße Sommertrüffeln
50 g iranischer Beluga-Kaviar

Die Teller mit Olivenöl bestreichen und mit etwas Pfeffer aus der Mühle bestreuen. Das Filet mit einem scharfen Messer in ganz feine Scheiben schneiden und flach auf den Tellern auslegen. Evtl. nach dem Schneiden noch vorsichtig zwischen geölter Klarsichtfolie plattieren. Die Filetscheiben mit Salz und Pfeffer aus der Mühle würzen, mit Olivenöl und Limonensaft marinieren.

Die Limonen so schälen, dass die weiße Haut entfernt wird. Die Früchte anschließend mit einem scharfen Messer in hauchfeine Scheiben schneiden und die Filetscheiben damit belegen. Zum Schluss den weißen Sommertrüffel mit einem Trüffelhobel darüberreiben und das Carpaccio mit einer Nocke iranischem Kaviar garnieren.

TIPP
Ein Carpaccio aus besonders wertvollen Zutaten für den schönsten Tag im Leben: eine Verlobung oder Hochzeit. Kombiniert mit einem Glas Champagner ein besonders reizvolles Angebot.

Kalbsfilet-Thunfisch-Carpaccio

Für 4 Personen
Zubereitungszeit: 50 Minuten

600 g Kalbsfilet
Salz, Pfeffer
1 Zwiebel, 1 Knoblauchzehe
Olivenöl
Saft von 1 Zitrone, Weißwein
50 ml Brühe
1 Dose Thunfisch (in Lake)
1 EL Mayonnaise
3–4 Sardellen
2 EL Crème fraîche
1 Glas Kapern

Das Kalbsfilet würzen, kurz rundum anbraten und im Ofen bei 160 °C ca. 45–60 Minuten rosa garen. Abkühlen lassen, in dünne Scheiben schneiden, anrichten und die Teller kühl stellen.

Zwiebel und Knoblauch schälen und würfeln. In Öl anbraten, mit Zitronensaft und einem Schuss Weißwein ablöschen. Kurz einkochen lassen, mit Brühe aufgießen und den Fond einmal aufkochen lassen. Thunfisch abtropfen und im Mixer mit Mayonnaise, Sardellen und Fond pürieren. Crème fraîche und etwas Kapernfond zugeben.

Thunfischcreme ca. 30 Minuten ziehen lassen und mit einem Löffel über dem Carpaccio verteilen. Mit Kapern garnieren.

Schweinefilet-Carpaccio
mit Gorgonzola-Creme

Für 4 Personen
Zubereitungszeit: 40 Minuten

1 Schweinefilet (ca. 500 g)
1 Bund Thymian
1 Knoblauchzehe
150 ml Brühe
100 g Gorgonzola
1 EL Crème fraîche
Salz, Pfeffer

Filet würzen, kurz rundum anbraten, mit Thymian und Knoblauch im Backofen bei 160 °C, je nach Größe des Filets, ca. 12 Minuten garen. Das Fleisch sollte leicht rosa sein. Abkühlen lassen, in feine Scheiben schneiden und anrichten.

Brühe mit 1 Zweig Thymian aufkochen und den Käse unter Rühren darin auflösen. Abkühlen lassen, Crème fraîche unterziehen und abschmecken. Evtl. mit Sahne oder Milch verdünnen. Lauwarme flüssige Creme über das Carpaccio ziehen.

Tafelspitz-Carpaccio
mit grüner Sauce und Wachteleiern

Für 4 Personen
Zubereitungszeit: 2,5 Stunden

800 g Tafelspitz
1 Karotte, 2 Zwiebeln
1 Lorbeerblatt, Salz
400 g frische Kräuter
(z. B. Petersilie, Schnittlauch, Borretsch, Kresse, Kerbel)
2 Eier, 4 Wachteleier
500 g saure Sahne, 2 EL Schmand
Saft von ½ Zitrone
Salz, Pfeffer, Zucker

2 Liter Wasser in einem großen Topf aufkochen lassen, salzen, den Tafelspitz, grob gewürfelte Karotte, halbierte Zwiebeln und Lorbeerblatt hineingeben. Das Fleisch ca. 1,5–2 Stunden weich kochen. In der Flüssigkeit auskühlen lassen und anschließend in feine Scheiben schneiden.

Für die grüne Sauce Eier hart kochen. Die frischen Kräuter waschen, verlesen und abzupfen. Einen Teil für die Dekoration beiseitelegen. Den Rest mit den gekochten Eiern, Sahne, Schmand und Zitronensaft im Mixer pürieren, bis eine feine Creme entsteht. Mit Salz, Pfeffer und Zucker abschmecken, bei Bedarf mit etwas Milch verdünnen. Die grüne Sauce über dem Tafelspitz-Carpaccio verteilen. Die Wachteleier kochen, schälen und halbieren. Die Teller mit frischen Kräutern und Wachteleiern garnieren.

Tafelspitz-Carpaccio
mit Balsamico-Gemüse-Vinaigrette

Für 4 Personen
Zubereitungszeit: 2,5 Stunden

1 kg Kalbstafelspitz
1 Knoblauchzehe, 1 Schalotte
1 TL Dijonsenf
50 ml Weißwein
50 ml weißer Balsamico
100 ml Brühe (vom Tafelspitz)
Olivenöl, Salz, Pfeffer, Zucker
1 Karotte, ½ Stange Lauch
¼ Sellerieknolle
frischer Meerrettich

Den Tafelspitz wie oben angegeben garen. In feine Scheiben schneiden und locker auf den Tellern anrichten.

Knoblauch und Schalotte schälen und würfeln. Mit Senf, Weißwein, Balsamico und Brühe im Mixer pürieren. Bei laufendem Mixer langsam Olivenöl zulaufen lassen, bis das Dressing sämig wird. Mit Salz, Pfeffer und Zucker abschmecken.

Karotte und Sellerie schälen, Lauch putzen und alles in feine Würfel schneiden. Mit Knoblauch und Thymian kurz in Olivenöl anbraten und, am besten im Kühlschrank, abkühlen lassen. Das Dressing mit den Gemüsewürfeln mischen und über dem Tafelspitz verteilen. Etwas frischen Meerrettich darüberreiben.

Kalbszungen-Carpaccio
mit marinierten Karotten und Zwiebeln

Für 4 Personen
Zubereitungszeit: 30 Minuten
Garzeit: 2 Stunden

Für das Carpaccio
600 g Kalbszunge
2 Karotten
3 Schalotten
3 Korianderkörner
3 Wacholderbeeren
1 Lorbeerblatt
1 Stück Speck (ca. 50 g)
Salz
3 Tomaten
2 EL gehackter Kerbel
2 EL gehackte Petersilie
Pfeffer, Salz, Koriander
Zwiebelsprossen zur Garnitur

Für die Marinade
100 ml Balsamico-Essig
2 TL Honig
4 EL Kochfond von der Kalbszunge
¼ TL Senf

Kalbszunge 2 Stunden in kaltem Wasser wässern. Karotten und Schalotten schälen, im Ganzen mit der Kalbszunge und 2 Litern Wasser aufsetzen. Zerstoßenen Koriander, angedrückte Wachholderbeeren, Lorbeerblatt, Speck und Salz dazugeben. Einmal aufkochen und dann ca. 2 Stunden sieden lassen, bis die Zungenspitze weich ist und sich mit Daumen und Zeigefinger durchdrücken lässt.

Die Zunge in kaltem Salzwasser abschrecken und die weiße Haut abziehen. Den Kochfond für die Marinade beiseitestellen. Die Zunge auf der Aufschnittmaschine in hauchdünne Scheiben schneiden und locker auf Tellern anrichten. Karotten würfeln, Schalotten in Scheiben schneiden und darüberstreuen.

Die Tomaten häuten und das Fruchtfleisch in feine Würfel schneiden. Mit Kerbel und Petersilie über das Carpaccio streuen.

Die Zutaten für die Marinade zu einem sämigen Dressing aufschlagen und das Carpaccio damit beträufeln. Mit Pfeffer, Salz und Koriander aus der Mühle würzen und mit Zwiebelsprossen garnieren.

Schweinebäckchen-Carpaccio
mit Frisée und frischem Meerrettich

Für 4 Personen
Zubereitungszeit: 30 Minuten

2 rote Zwiebeln
3 Knoblauzehen
8 frische Schweinebäckchen
500 ml Brühe
1 Lorbeerblatt, Piment
Salz, Pfeffer, Zucker
1 Kopf Friséesalat
1 Schale Kresse
1 TL scharfer Senf
7 EL Estragon-Essig
4 EL Kürbiskernöl
½ Schalotte, ½ Bund Estragon
¼ Stange frischer Meerrettich

Zwiebeln und Knoblauch schälen und fein würfeln. Die Schweinebäckchen in einer Pfanne mit Öl scharf anbraten, Zwiebeln und Knoblauch zugeben. Mit Brühe aufgießen, Lorbeer, Piment, Salz und Pfeffer dazugeben. Die Bäckchen in ca. 45 Minuten weich kochen, herausnehmen und abkühlen lassen. Fein aufschneiden und anrichten.

Den Frisée waschen, abtropfen lassen und putzen. Nur die hellen Blätter verwenden, mit der Kresse mischen und den Salat locker auf den Schweinebäckchen anrichten.

Aus Senf, Essig, 3 EL Kochfond und Kürbiskernöl ein sämiges Dressing herstellen. Schalotte schälen, fein würfeln und untermischen. Mit Salz, Pfeffer und Zucker abschmecken und das Carpaccio damit marinieren. Estragon hacken und darüberstreuen. Meerrettich frisch darüberreiben.

Schweinebäckchen-Carpaccio
mit Gnocchi und pikanter Tomatensauce

Für 4 Personen
Zubereitungszeit: 30 Minuten

8 frische Schweinebäckchen
1 rote Zwiebel, 4 Knoblauchzehen
Olivenöl, 1 Chilischote
1 Dose geschälte Tomaten
Salz, Pfeffer, Zucker
Saft von ½ Zitrone
2 TL Tomatenmark
10 Kirschtomaten
400 g frische Gnocchi
Thymian
½ Bund Basilikum

Schweinebäckchen wie oben angegeben garen. In feine Scheiben schneiden und anrichten. Zwiebel und 3 Knoblauchzehen schälen, würfeln und in Olivenöl glasig dünsten. Chilischote fein würfeln. Mit den geschälten Tomaten zugeben, mit Salz, Pfeffer und Zucker abschmecken und ca. 10 Minuten köcheln lassen. Zitronensaft und Tomatenmark unterrühren. Kirschtomaten vierteln und zugeben. Kurz mitköcheln und die Sauce würzig abschmecken.

Gnocchi in Salzwasser erhitzen, abtropfen lassen und in einer Pfanne mit Öl, Thymian und einer angedrückten Knoblauchzehe schwenken. Zum Carpaccio anrichten. Tomatensauce mit geschnittenem Basilikum verrühren und über die Gnocchi geben. Restliche Sauce mit etwas Balsamico verrühren und das Carpaccio damit marinieren.

Entenbrust-Carpaccio
mit Kürbis-Latte-macchiato

Für 4 Personen
Zubereitungszeit: 50 Minuten

Für das Carpaccio
2 Barbarie-Entenbrüste
Olivenöl
Salz, Pfeffer
Butter
2 Knoblauchzehen
1 Zweig Rosmarin

Für den Latte macchiato
1 kleiner Hokkaido-Kürbis
1 getrocknete Chilischote
1 TL Korianderkörner
1 Sternanis
300 ml Orangensaft
Mark von ¼ Vanilleschote
250 ml Kokosmilch
1–2 EL Crème fraîche
Crema di Balsamico
Milch zum Aufschäumen
1 Handvoll Kürbiskerne

Die Entenbrust in Öl von beiden Seiten kurz anbraten und mit Salz und Pfeffer würzen. Herausnehmen und für ca. 10–12 Minuten bei 160–180 °C in den Backofen schieben. 2 Minuten vor Ende der Garzeit ein Stück Butter, den Knoblauch und den Rosmarin dazugeben.

Den Kürbis schälen, entkernen und in Stücke schneiden. Chili, Koriander und Sternanis in einem Mörser zerstoßen. Den Orangensaft mit Vanille und Gewürzen aufkochen und 5 Minuten ziehen lassen. Durch ein feines Sieb abgießen und die Gewürze zurückbehalten.

Den Kürbis im aromatisierten Orangensaft weich kochen. Mit Kokosmilch aufgießen und die Crème fraîche unterrühren. Kürbiscreme abschmecken und in kleine Gläser füllen. Etwas Balsamicocreme daraufgeben. Die Milch aufschäumen und mit einem Teelöffel auf die Kürbiscreme setzen.

Die Entenbrust fein aufschneiden und anrichten. Mit etwas Bratfond aus der Pfanne übergießen, mit gehackten Kürbiskernen bestreuen und den Latte macchiato dazu reichen.

Perlhuhnbrust-Carpaccio
mit Morcheln und Löwenzahn

Für 4 Personen
Zubereitungszeit: 25 Minuten

150 g frische Morcheln
4 Perlhuhnbrüste mit Haut
Salz, Pfeffer
Olivenöl
Saft von 1 Limone
200 g junge Löwenzahnblätter
weißer Balsamico
Crema di Balsamico

Die frischen Morcheln unter fließendem Wasser waschen. Mit Küchenpapier trocken tupfen und die Hälfte der Morcheln in feine Scheiben schneiden.

Die Haut der Perlhuhnbrüste vorsichtig anheben. In das Fleisch darunter mit einem scharfen Messer drei kleine Schnitte machen und die Morchelscheiben hineinstecken. Die Haut wieder straff ziehen und die gespickten Perlhuhnbrüste mit Salz und Pfeffer aus der Mühle würzen.

Perlhuhnbrüste bei schwacher Hitze von beiden Seiten in Olivenöl anbraten, herausnehmen und im Backofen bei 150 °C in 8 Minuten fertig garen.

Das abgekühlte Fleisch mit einem scharfen Messer schräg in dünne Scheiben schneiden und fächerförmig auf den Tellern anrichten. Mit Olivenöl und Limonensaft marinieren.

Löwenzahn waschen und trocken schleudern. Restliche Morcheln in einer Pfanne mit Öl kurz anziehen lassen, mit Balsamico ablöschen, abschmecken und auf dem Carpaccio anrichten. Mit Löwenzahnblättern und Balsamicocreme garnieren. Mit dem Morchel-Fond aus der Pfanne marinieren.

Lamm-Carpaccio
mit Rucola-Pinienkern-Salat und Tomaten-Concassé

Für 4 Personen
Zubereitungszeit: 30 Minuten
Kühlzeit: 30 Minuten

400 g Lammlachse
4 EL Sherryessig
Saft von ½ Limone und
½ Zitrone
Salz, Pfeffer
6 EL Arganöl
1 Bund Rucola
1 Schalotte
1 Strauchtomate
6 EL Pinienkerne
Gänseblümchen zur Garnitur

Das Lammfleisch in Frischhaltefolie wickeln und im Gefrierfach des Kühlschranks kurz anfrieren lassen. Herausnehmen und mit einem scharfen Messer in hauchdünne Scheiben schneiden. Evtl. noch einmal vorsichtig plattieren und kühl stellen.

Den Sherryessig mit dem Schneebesen mit Limonen- und Zitronensaft, Salz und Pfeffer in einer Schüssel verrühren. Das Arganöl unter ständigem Rühren langsam zugießen, bis das Dressing leicht sämig wird.

Den Rucola waschen und trocken schleudern. Die Schalotte schälen und fein würfeln. Die Tomate blanchieren, häuten und entkernen. Das Fruchtfleisch in feine Würfel schneiden. Die Pinienkerne in einer Pfanne ohne Fett goldgelb rösten.

Die Lammfleisch-Scheiben auf 4 Tellern anrichten, mit Salz und Pfeffer bestreuen und mit Dressing beträufeln. Rucola mit einem Teil des Dressings marinieren, mit den Pinienkernen mischen, neben dem Carpaccio anrichten und mit Gänseblümchen garnieren. Die Tomaten- und Schalottenwürfel marinieren, mit zwei Teelöffeln daraus kleine Nocken formen und je 1 Tomaten-Nocke auf jedem Teller platzieren.

Kaninchen-Carpaccio
mit Feldsalat und Haselnuss-Honig-Dressing

Für 4 Personen
Zubereitungszeit: 30 Minuten
Kühlzeit: 2 Stunden

- je 1 TL Majoran, Thymian, Rosmarin
- 250 g Kaninchenrücken (ausgelöst, ohne Knochen und Fett)
- ¼ rote Zwiebel
- 1 Knoblauchzehe
- 50 ml Weißwein
- 2 EL weißer Balsamico
- Saft von ½ Limette
- 3 EL Haselnussöl
- 1 EL Olivenöl
- Salz, Pfeffer, Honig
- 500 g Feldsalat

Die Kräuter in einer Schale vermengen und den Kaninchenrücken darin wenden. Straff in Klarsichtfolie eindrehen und 2 Stunden im Eisfach des Kühlschranks anfrieren.

Zwiebel und Knoblauch schälen und in feine Würfel schneiden. Mit Weißwein, Balsamico und Limettensaft verrühren. Unter ständigem Rühren langsam Nuss- und Olivenöl zulaufen lassen, bis ein sämiges Dressing entsteht. Mit Salz, Pfeffer und Honig abschmecken. Den Feldsalat waschen, abtropfen lassen und putzen.

Kaninchenrücken aus dem Eisfach nehmen, aus der Folie wickeln und auf der Aufschnittmaschine in dünne Scheiben schneiden. Locker auf den Tellern anrichten. Die Fleischscheiben mithilfe eines Pinsels mit dem Dressing marinieren. Den Feldsalat in der restlichen Marinade anmachen und locker auf dem Carpaccio anrichten.

Gerd Käfer TIPP

Besonders gut schmeckt das Kaninchen-Carpaccio, wenn es zum Schluss mit gehackten, gerösteten Haselnüssen oder feinen, kross gebratenen Speckwürfeln bestreut wird.

Rehrücken-Carpaccio
mit getrüffelter Preiselbeervinaigrette

Für 4 Personen
Zubereitungszeit: 30 Minuten
Kühlzeit: 2 Stunden

300 g Rehrücken
150 g Gänsestopfleberpastete
1 EL Preiselbeeren
2 EL Himbeeressig
2 EL Balsamico-Essig
50 ml Brühe
½ rote Zwiebel
½ Knoblauchzehe
4 EL Nussöl, 2 TL Trüffelöl
Salz, Pfeffer, Zucker

Den Rehrücken in dünne Scheiben schneiden und zwischen Klarsichtfolie vorsichtig plattieren. Die Fleischscheiben mit Gänseleber bestreichen und aufrollen. Ca. 2 Stunden einfrieren.

Preiselbeeren mit Essig und Brühe verrühren. Zwiebel und Knoblauch fein würfeln und dazugeben. Öle unter ständigem Rühren zulaufen lassen, bis ein sämiges Dressing entsteht. Mit Salz, Pfeffer und Zucker abschmecken.

Den gefüllten Rehrücken auf der Aufschnittmaschine fein schneiden und anrichten. Mit Salz und Pfeffer würzen und mit dem Dressing marinieren.

Hirschrücken-Carpaccio
mit Portwein-Balsamico-Kirschen

Für 4 Personen
Zubereitungszeit: 30 Minuten

400 g Hirschrücken
Olivenöl, Saft von 1 Limone
3 EL Zucker
50 ml Balsamico-Essig
je 100 ml Brühe und Rotwein
200 ml Portwein
10–20 g Speisestärke
kalte Butter zum Montieren
1 Handvoll Kirschen (frisch od. TK)
Salz und Pfeffer aus der Mühle

Den Hirschrücken mit einem scharfen Messer dünn aufschneiden und vorsichtig plattieren. Auf Tellern anrichten und mit einer Marinade aus Olivenöl und Limonensaft bestreichen.

Den Zucker in einer Pfanne karamellisieren lassen und mit Balsamico ablöschen. Brühe, Rotwein und Portwein zugeben und um die Hälfte einkochen lassen. Die angerührte Speisestärke zugeben und 2 Minuten mitkochen lassen. Vom Herd nehmen und die kalte Butter einrühren. Entsteinte Kirschen zugeben, mit Salz und Pfeffer abschmecken und abkühlen lassen. Das Hirschcarpaccio mit reichlich schwarzem Pfeffer bestreuen und mit der Kirschsauce garnieren.

Salami-Carpaccio
mit Tomaten-Walnuss-Gremolata und frischen Feigen

Für 4 Personen
Zubereitungszeit: 20 Minuten

4 getrocknete, eingelegte Tomaten
8 frische Feigen
8 Walnusskerne
2 EL Pinienkerne
Schale und Saft von 1 Zitrone
1 Handvoll Rucola
Olivenöl
12 feine Scheiben Salami
(z. B. Fenchel- od. Wild-
schweinsalami)
70 g Parmesan

Die Tomaten abtropfen lassen, 4 frische Feigen schälen. Mit Walnüssen und Pinienkernen grob hacken. Mit der Hälfte der Zitronenzesten vermischen. Rucola waschen, trocken schleudern, unter die Tomaten-Walnuss-Gremolata heben und beiseitestellen.

Das Öl der eingelegten Tomaten mit Olivenöl, Zitronensaft und den restlichen Zitronenzesten zu einer Marinade verrühren.

Die Feigen waschen und halbieren. Die Salamischeiben mit der Gremolata und je ½ Feige anrichten und mit der Marinade beträufeln. Den frisch gehobelten Parmesan darüberstreuen.

TIPP
Dieses Carpaccio kann man auch mit hauchfein geschnittener spanischer Chorizo-Salami, Parma- oder Serranoschinken zubereiten. Dazu schmeckt Olivenbrot, in Streifen geschnitten und in Olivenöl ausgebacken.

Weißwurst-Carpaccio
mit süßer Senfvinaigrette

Für 4 Personen
Zubereitungszeit: 30 Minuten

2 Paar Weißwürste
4 Laugenbrötchen
Butter zum Ausbacken
1 Zweig Thymian
1 Schalotte
½ Knoblauchzehe
50 g süßer Senf
50 ml Brühe
3 EL Apfelessig
Rapsöl und etwas Nussöl
Salz, Pfeffer, Zucker
1 Bund Petersilie

Die Weißwürste in siedendem Wasser kurz erwärmen, herausnehmen und die Haut entfernen. Wurst mit einem scharfen Messer in feine Scheiben schneiden und ringförmig auf den Tellern anrichten.

Die Laugenbrötchen in 0,5 cm dicke Scheiben schneiden und in einer Pfanne in Butter von beiden Seiten anbraten. Thymianzweig zum Aromatisieren dazugeben. Die knusprigen Brotscheiben mit dem Weißwurst-Carpaccio anrichten.

Schalotte und Knoblauch schälen und würfeln. Mit Senf, Brühe und Essig im Mixer pürieren, bei laufendem Mixer langsam die Öle zulaufen lassen, bis ein sämiges Dressing entsteht. Mit Salz, Pfeffer und Zucker abschmecken und das Carpaccio mit der süßen Vinaigrette marinieren. Mit frischer Petersilie garnieren.

TIPP

Richtig zünftig schmeckt das Weißwurst-Carpaccio natürlich zusammen mit einer frischen Brezen und einem kühlen Bier.

AULANER

Blutwurst-Carpaccio
mit Apfel-Thymian-Chutney und Senfcreme

Für 4 Personen
Zubereitungszeit: 30 Minuten

150 g Frischkäse
  oder Crème fraîche
50 g Dijonsenf
etwas Milch zum Verdünnen
4 Äpfel
Saft von 2 Limonen
2 Schalotten
1 Knoblauchzehe
Puderzucker
1 Chilischote
etwas Weißwein und Calvados
Salz, Pfeffer, Zucker, Muskat
2 TL gehackter Thymian
1 Ring Blutwurst

Den Frischkäse mit Senf und etwas Milch zu einer glatten Creme verrühren; mit Salz und Pfeffer abschmecken.

Die Äpfel schälen und Kerngehäuse entfernen. 3 Äpfel in grobe Stücke schneiden und mit dem Saft von 1 Limone marinieren. Den vierten Apfel in gleichmäßige Würfel schneiden.

Schalotten und Knoblauch schälen und fein würfeln. Glasig anschwitzen und mit Puderzucker bestreuen. Apfelstücke und Chili zugeben, kurz mit anschwitzen und mit Weißwein, Calvados und restlichem Limonensaft ablöschen. Bei niedriger Temperatur zu einem Kompott einkochen. Mit Salz, Pfeffer, Zucker, Muskat und Thymian abschmecken. Vom Herd nehmen und die Apfelwürfel unterrühren.

Die Haut der Blutwurst entfernen und die Wurst in ca. 3 mm dünne Scheiben schneiden. Flach auf den Tellern anrichten und mit Senfcreme beträufeln. Kleine Nocken vom Apfelchutney abstechen und mittig auf dem Carpaccio anrichten.

TIPP
Das Blutwurst-Carpaccio schmeckt auch warm sehr gut. Dazu die Wurstscheiben in Mehl wenden und in einer Pfanne kurz von beiden Seiten anbraten.

Semmelknödel-Carpaccio
mit Paprikasalat

Für 4 Personen
Zubereitungszeit: 40 Minuten

Für das Carpaccio
500 g Toastbrot, 1 Zwiebel
50 g Butter, 250 ml Milch
Salz, Pfeffer, Muskat
3 Eier, ½ Bund Schnittlauch
2 Paprika, 1 Knoblauchzehe
1 Zweig Rosmarin

Für das Dressing
½ Schalotte, ½ Knoblauchzehe
1 EL süßer Senf, 2 EL Weißwein
100 ml Gemüsebrühe
1 Kirschtomate, 5 Basilikumblätter
Salz, weißer Pfeffer, Zucker
3 EL Balsamico, 6 EL Olivenöl

Toastbrot würfeln, Zwiebel schälen und fein würfeln. Langsam in Butter glasig dünsten. Milch dazugeben und würzig abschmecken. Einmal aufkochen lassen und die heiße Milch mit Zwiebeln über die Toastbrotwürfel gießen. Etwas abkühlen lassen, mit Eiern und Schnittlauch gut vermengen und noch mal abschmecken.

Knödelmasse auf Klarsichtfolie zu einer Wurst formen und straff einrollen. In Alufolie einrollen und die Enden fest eindrehen. Knödel-Wurst in kochendes Wasser legen und ca. 25–30 Minuten leicht köcheln lassen. Herausnehmen, kurz abkühlen lassen, Folie abziehen und den Semmelknödel in feine Scheiben schneiden. Auf Tellern flach anrichten.

Alle Zutaten für das Dressing gut mischen. Olivenöl unter ständigem Rühren zulaufen lassen, bis ein sämiges Dressing entsteht.

Paprika putzen, in kleine Rauten oder Würfel schneiden. Mit Knoblauch und Rosmarin in Ölivenöl kurz anbraten, würzen und auf den Knödeln anrichten. Alles mit dem Dressing marinieren.

Brezenknödel-Carpaccio
mit gebratenen Morcheln und Feldsalat

Für 4 Personen
Zubereitungszeit: 40 Minuten

Zutaten wie Semmelknödel
aber: 100 g Toastbrot,
200 g Brezeln
1 rote Zwiebel, Knoblauchöl
300 g Morcheln
Saft von ½ Limone
2 EL gehackte Petersilie
weißer Balsamico
120 g Feldsalat

Breznknödel wie Semmelknödel zubereiten. Zwiebel würfeln, in Öl anbraten und die geputzten Morcheln dazugeben. Weiterbraten bis die Pilze gar sind und abschmecken. Mit Limonensaft ablöschen, Petersilie zugeben und mit einem Schuss Balsamico würzen.

Die Breznknödel in feine Scheiben schneiden und flach auf Tellern anrichten. Die Morcheln daraufgeben und mit Feldsalat garnieren. Dazu passt das Dressing der Semmelknödel sehr gut.

Fisch & Meeresfrüchte

Orangenlachs-Carpaccio
mit Olivensauce und Zitronenmelisse

Für 4 Personen
Zubereitungszeit: 40 Minuten
Kühlzeit: 8 Stunden

Für den Orangenlachs

1 Bund Basilikum
½ Bund Dill
1 TL Piment
2 Lorbeerblätter
Schale von 6 Orangen
8 EL Olivenöl
1 EL Orangenpaste
1 kleine Lachsseite mit Haut
(ca. 600–800 g)
130 g Salz
250 g Zucker

Für die Sauce

1 Bund Zitronenmelisse
je 5 schwarze und grüne Oliven
Saft von 1 Orange
100 ml Olivenöl
Salz, Pfeffer, Zucker

Basilikum und Dill waschen und fein hacken. Piment und Lorbeer zerstoßen. Orangen heiß abwaschen und die Schale mit einer Raspel fein abreiben. Aus Öl, Gewürzen, Kräutern, Orangenschale und -paste eine Beize anrühren.

Den Lachs mit Salz und Zucker einreiben und in der Beize wenden. Lachs und Beize in einen kleinen Vakuumbeutel einschweißen und mind. 8 Stunden im Kühlschrank ruhen lassen.

Melisse und Oliven fein hacken. Mit Orangensaft und Öl zu einem Dressing verrühren und abschmecken.

Den Lachs aus dem Beutel nehmen und grob von der Beize befreien. Mit einem Messer schräg in dünne Scheiben schneiden, anrichten und mit der Olivensauce marinieren.

Gerd Käfer TIPP
Dazu passen Crostini oder italienisches Weißbrot mit Oliventapenade und ein leichter Salat mit Essig-Öl-Dressing.

Wildlachs-Carpaccio
mit Balsamico-Dressing und Koriander-Creme

Für 4 Personen
Zubereitungszeit: 30 Minuten

400 g Wildlachsfilet
40 g Rohrzucker
150 ml Balsamico, 200 ml Brühe
1 TL Reisessig, Sojasauce
½ Chilischote
1 TL Speisestärke
50 ml Sesamöl
Sesam, Fleur de Sel, Pfeffer
200 g Crème fraîche
Saft und Schale von 1 Limone
½ Bund Koriander

Fischfilet in feine Scheiben schneiden und auf gekühlte, mit Sesamöl bestrichene Teller legen.

Zucker in einer Pfanne leicht karamellisieren lassen und mit Balsamico ablöschen. Brühe, Reisessig und gehackte Chili zugeben und mit etwas Sojasauce abschmecken. Den Sud aufkochen lassen und die Speisestärke einrühren. 1–2 Minuten köcheln und vom Herd nehmen. Leicht abkühlen lassen und unter ständigem Rühren das Öl zugeben.

Fischscheiben mit Sesam bestreuen, mit Fleur de Sel und Pfeffer aus der Mühle würzen. Den Balsamicofond darüberträufeln. Crème fraîche mit Limonensaft und -schale glatt rühren und den gehackten Koriander unterziehen. Mit Salz und Pfeffer abschmecken und über das Carpaccio geben. Mit Korianderblättchen garnieren.

Steinbutt-Carpaccio
mit Himbeer-Chili-Dressing

Für 4 Personen
Zubereitungszeit: 30 Minuten

400 g Wildsteinbuttfilet
Sesamöl, 1 Chilischote
100 g Himbeermark
Saft von 1 Limone
3 EL Olivenöl
Salz, Pfeffer, Zucker
frische Himbeeren zur Garnitur

Fischfilet in feine Scheiben schneiden und auf gekühlte, mit Sesamöl bestrichene Teller legen. Chilischote waschen, entkernen und fein hacken.

Himbeermark mit Limonensaft, Öl und Chili zu einem sämigen Dressing verrühren. Abschmecken und über das Carpaccio geben. Mit frischen Himbeeren garnieren.

Thunfisch-Carpaccio
mit Ingwer-Koriander-Dressing

Für 4 Personen
Zubereitungszeit: 35 Minuten

300 g Thunfischfilet (Sushiqualität)
2 Bio-Limetten
1 Stück (4 cm) frischer Ingwer
½ Bund Koriander
150 ml Gemüsebrühe od. -fond
6 EL Honig
4 EL Reisweinessig
weißer Pfeffer aus der Mühle
Koriander aus der Mühle
Salz
3 Kaffirlimettenblätter
10–20 g Speisestärke
100 ml Sesamöl

Das Thunfischfilet mit einem scharfen Messer in 12 hauchdünne Scheiben schneiden und vorsichtig plattieren. Die Teller mit etwas Sesamöl bestreichen und die Thunfischscheiben darauf anrichten.

Die Limetten gut waschen und die Schale fein reiben. Früchte halbieren und den Saft auspressen. Ingwer schälen und in feine Würfel schneiden. Koriander waschen und trocken schütteln. Die Blätter von den Stielen zupfen und fein schneiden.

Für das Dressing die Gemüsebrühe in einem Topf erwärmen. Honig, Reisessig, Limettenschale und -saft dazugeben, mit Pfeffer, Koriander und Salz aus der Mühle abschmecken. Ingwer und Kaffirblätter hineingeben und kurz aufkochen lassen.

Die Brühe durch ein feines Sieb gießen. Die Stärke mit etwas Wasser anrühren und mit einem Quirl in die Brühe einrühren. Noch einmal aufkochen lassen, bis die Stärke bindet. Das Sesamöl langsam unter ständigem Rühren zu der noch warmen Brühe geben und abkühlen lassen.

Vor dem Servieren den frischen Koriander unter das Dressing rühren und mit einem Pinsel oder Löffel lauwarm über dem Thunfisch-Carpaccio verteilen.

Thunfisch-Carpaccio
mit Soja-Ingwer-Dressing

Für 4 Personen
Zubereitungszeit: 30 Minuten

200 g Thunfischfilet
(Sushiqualität)
1 Stück (2 cm) Ingwer
1 Zwiebel
1 Chilischote
2 EL Olivenöl
1 Kaffirlimettenblatt
Saft von 1 Limone
Weißwein
1 Stange Zitronengras
200 ml Sojasauce
Pfeffer, Zucker
4 EL Sesamöl
weißer und schwarzer Sesam
frischer Koriander zur Garnitur

Das Thunfischfilet mit einem scharfen Messer in dünne Scheiben schneiden und kreisförmig anrichten.

Ingwer und Zwiebel schälen und fein würfeln. Chili waschen, entkernen und fein schneiden. Alles in einem Topf mit etwas Olivenöl leicht andünsten, bis die Zwiebeln glasig werden. Kaffirblatt und Limonensaft zugeben. Mit einem Schuss Weißwein ablöschen. Zitronengras mit dem Messerrücken anquetschen und dazugeben.

Fond kurz einreduzieren lassen und mit Sojasauce aufgießen. Einmal aufkochen lassen und durch ein feines Sieb passieren. Mit Pfeffer und Zucker abschmecken, abkühlen lassen und das Sesamöl einrühren. Die Thunfischscheiben mit Soja-Ingwer-Dressing einstreichen und mit weißem und schwarzem Sesam bestreuen. Mit frischen Korianderblättchen garnieren.

Gerd Käfer TIPP
Ein Glas Pflaumenwein rundet das Carpaccio aus rohem Thunfisch ab.

Kabeljau-Carpaccio
mit Ingwer-Limonen-Butter und Shiitakepilzen

Für 4 Personen
Zubereitungszeit: 30 Minuten

Für die Pilze
10 Shiitakepilze
Butter, Wasser, Puderzucker
Salz, Pfeffer
Koriander aus der Mühle

Für das Carpaccio
400 g Kabeljau
1 Stück (10 cm) Ingwer
150 g Butter
Saft von 1 Limone
Meersalz
frischer Dill zur Garnitur

Die Shiitakepilze putzen und die Stiele entfernen; die Köpfe in Scheiben schneiden. Eine Pfanne erhitzen und etwas Butter hineingeben. Shiitake zugeben und garen. Dabei immer wieder ein paar Tropfen Wasser zugeben und etwas Puderzucker darüberstäuben. Mit Salz, Pfeffer und Koriander würzen.

Das Kabeljaufilet mit einem scharfen Messer in feine Scheiben schneiden und locker auf den Tellern anrichten.

Ingwer schälen und ebenso in feine Scheiben schneiden. Die Butter zerlassen, Limonensaft und Ingwer hineingeben. Kurz aufschäumen und 5 Minuten ziehen lassen. Noch lauwarm mit den Shiitakepilzen über den Kabeljau geben. Meersalz darüberstreuen und mit frisch gezupften Dillspitzen garnieren.

Gerd Käfer TIPP
Shiitakepilze sind Baumpilze, die relativ wenig Flüssigkeit enthalten. Deshalb sollte man bei der Zubereitung immer etwas Wasser zugeben.

Wolfsbarsch-Carpaccio
mit Thymian-Limonen-Dressing

Für 4 Personen
Zubereitungszeit: 20 Minuten

3 Limonen
1 Knoblauchzehe
1 Bund Thymian
80 ml Olivenöl
Salz, Pfeffer, Zucker
Koriander aus der Mühle
300 g Wolfsbarsch
Fleur de Sel
1 Handvoll rosa Pfefferkörner

Die Limonen heiß abwaschen und die Schale mit einer Raspel fein abreiben. Den Saft von 2 Limonen auspressen, die dritte Limone filetieren.

Knoblauch schälen und fein würfeln. Thymianblättchen abzupfen, einige Zweige zur Dekoration beiseitelegen. Thymian mit Limonensaft und -schale, Öl, Knoblauch und Gewürzen in ein Schälchen geben und ziehen lassen.

Währenddessen das Fischfilet mit einem scharfen Messer dünn aufschneiden. Die Teller mit etwas Limonensaft und Olivenöl bestreichen. Das Fischcarpaccio mit den Limonenfilets darauf anrichten. Etwas Fleur de Sel und frischen Pfeffer aus der Mühle darüberstreuen. Mit Thymian-Limonen-Dressing beträufeln und mit Thymianzweigen und rosa Pfeffer garnieren.

Gerd Käfer TIPP

Der Wolfsbarsch, auch Loup de mer genannt, ist der Spitzenreiter unter den Meeresfischen für die feine Küche. Sein festes, weißes Fleisch lässt sich einfach zubereiten und hat, auch roh, einen ausgezeichneten Geschmack. Beim Einkauf nicht mit Seewolf verwechseln.

Doraden-Carpaccio
mit lauwarmen Artischocken

Für 4 Personen
Zubereitungszeit: 30 Minuten

400 g Doradenfilet
10 schwarze Oliven
2 Baby-Artischocken
Saft von 1 Zitrone
1 Schalotte
1 Zweig Thymian
1 Knoblauchzehe
Olivenöl
1 Schuss Weißwein
200 ml Gemüsebrühe
50 g Butter
Salz, Pfeffer

Das Doradenfilet mit einem scharfen Messer schräg in dünne Scheiben schneiden. Wenn nötig noch vorsichtig nachplattieren.

Oliven entkernen und vierteln. Etwas mehr als die Kuppe der Artischocken abschneiden. Die restlichen Blätter entfernen und die Artischockenböden mit einem Löffel putzen und das Heu entfernen. In Zitronenwasser säubern, Böden halbieren und in feine Scheiben schneiden.

Schalotte schälen und in feine Scheiben schneiden. Mit Thymian und der angedrückten Knoblauchzehe in Olivenöl glasig dünsten, die Artischockenscheiben zugeben und mitbraten. Mit dem restlichen Zitronensaft und Weißwein ablöschen. Kurz einkochen lassen und mit Brühe aufgießen.

Einmal aufkochen und vom Herd nehmen. Etwas Olivenöl und ein kleines Stück Butter zugeben. So lange rühren, bis sich die Butter aufgelöst hat und der Fond leicht bindet. Oliven zugeben, Sauce mit Salz und Pfeffer abschmecken und lauwarm über dem Doraden-Carpaccio verteilen.

Schwertfisch-Carpaccio
mit Radieschen-Vinaigrette

Für 4 Personen
Zubereitungszeit: 20 Minuten

400 g Schwertfischfilet
2 EL weißer Balsamico
20 ml Brühe
Saft von 1 Limone
3 EL Olivenöl
1 Schalotte
½ Knoblauchzehe
Fleur de Sel, Pfeffer, Zucker
5 Radieschen
1 Bund Schnittlauch

Das Schwertfischfilet mit einem scharfen Messer in hauchdünne Scheiben schneiden. Auf mit Olivenöl bestrichene Teller legen und mit Fleur de Sel und Pfeffer aus der Mühle würzen.

Balsamico, Brühe, Limonensaft und Öl zu einem sämigen Dressing verrühren. Schalotte und Knoblauch schälen, fein würfeln und dazugeben. Mit Salz, Pfeffer und Zucker abschmecken.

Radieschen waschen, in feine Scheiben und dann in feine Streifen schneiden. Schnittlauch waschen und in Röllchen schneiden. Beides mit der Vinaigrette mischen und über das Carpaccio geben.

Gerd Käfer TIPP

Dazu passt eine Mischung aus feinen, jungen Blattsalaten wie z. B. Roter Mangold, Roter Senf oder Mizuna, die besonders aromatisch und ein wenig scharf schmecken.

Jakobsmuschel-Carpaccio
mit getrockneten Tomaten

Für 4 Personen
Zubereitungszeit: 15 Minuten

6 große, ausgelöste
Jakobsmuscheln
4 getrocknete, eingelegte Tomaten
Saft von 1 Limone
Limonenöl, Olivenöl
1 TL Rosmarin
1 TL Thymian
schwarzer Pfeffer aus der Mühle
Fleur de Sel

Die Jakobsmuscheln mit einem scharfen Messer in hauchdünne Scheiben schneiden. Überlappend im Kreis anrichten. 2 EL Öl der eingelegten Tomaten, Limonensaft, Limonen- und Olivenöl mit dem Pürierstab oder im Mixer zu einem sämigen Dressing verarbeiten.

Die getrockneten Tomaten in feine Streifen schneiden und auf den Muscheln anrichten. Die gehackten Kräuter daraufstreuen und das Carpaccio mit dem Dressing marinieren. Zum Schluss mit frischem Pfeffer und Fleur de Sel nachwürzen.

TIPP

Wer das Jakobsmuschel-Carpaccio noch verfeinern möchte, kann es mit Keta-Kaviar garnieren. Der grobkörnige, orangegelbe Rogen des Keta-Lachses ist eine besondere Delikatesse und wird gerne in der südostasiatischen Rohfischküche verwendet.

Garnelen-Carpaccio
mit Cachaça-Creme und Lauchzwiebeln

Für 4 Personen
Zubereitungszeit: 30 Minuten

12 Riesengarnelen (King Prawns)
1 Zweig Rosmarin
1 Knoblauchzehe
3 EL Olivenöl
Fleur de Sel, Pfeffer
Schale und Saft von 3 Limonen
½ TL Rohrzucker
3 EL Crème fraîche
20 ml Cachaça
(Zuckerrohr-Schnaps)
1 Lauchzwiebel
½ rote Zwiebel

Garnelen ausbrechen und mit Rosmarin und Knoblauch in Olivenöl anbraten. Mit Salz und Pfeffer würzen und kurz vor Ende der Garzeit mit dem Saft von 1 Limone ablöschen. Garnelen der Länge nach in Scheiben schneiden und auf den Tellern verteilen.

Schale der anderen 2 Limonen abreiben, Früchte halbieren und den Saft auspressen. Limonenschale und -saft mit dem Rohrzucker in einer Schale vermischen und ziehen lassen, bis der Zucker sich auflöst. Mit Crème fraîche und Cachaça glatt rühren und abschmecken.

Lauchzwiebel waschen und das Grün in feine Streifen schneiden. Den weißen Teil in feine Scheiben schneiden, in Öl anbraten und würzen. Die Zwiebel schälen, in hauchdünne Streifen schneiden und kurz anbraten.

Die Cachaça-Creme über dem Garnelen-Carpaccio verteilen und mit den angebratenen Zwiebeln garnieren.

Tiger-Prawn-Carpaccio
mit Koriander-Salat und Passionsfrucht-Dressing

Für 4 Personen
Zubereitungszeit: 30 Minuten

Für das Carpaccio
8 Tiger Prawns (Garnelenschwänze)
Olivenöl
1 Knoblauchzehe
Salz, Pfeffer
Saft von 1 Limone

Für das Dressing
1 Bund Koriander
1 Schalotte
1 Knoblauchzehe
2 Passionsfrüchte
2 EL weißer Balsamico
4 EL Olivenöl
1 EL Sesamöl

Garnelen abtupfen, mit einem scharfen Messer am Rücken einritzen und den dunklen Darm entfernen. Olivenöl mit der angedrückten Knoblauchzehe erhitzen, die Garnelen darin kurz von beiden Seiten anbraten. Mit Salz und Pfeffer würzen und mit Limonensaft ablöschen. Abkühlen lassen, mit einem scharfen Messer in dünne Scheiben schneiden und anrichten.

Koriander waschen und die Blätter abzupfen. Schalotte und Knoblauch schälen und fein würfeln. Das Mark der Passionsfrüchte auslösen, mit Balsamico, Knoblauch und Schalotten verrühren. Öle unter ständigem Rühren zulaufen lasssen, bis ein sämiges Dressing entsteht. Das Garnelen-Carpaccio und den Koriander damit marinieren.

Hummer-Carpaccio
mit Cocktailsauce und schwarzen Walnüssen

Für 4 Personen
Zubereitungszeit: 40 Minuten

1 Hummer
2 EL Ketchup
1 EL Mayonnaise
2 EL Orangensaft
1 EL Sherry
1 TL frischer Meerrettich
Salz, Pfeffer, Zucker
schwarze Walnüsse

Den Hummer in kochendes Wasser geben. Kurz kochen lassen, Topf vom Herd nehmen und den Hummer ca. 5 Minuten im Wasser ziehen lassen. Herausnehmen und abkühlen lassen. Den Hummer ausbrechen, das Fleisch in feine Scheiben schneiden und auf den Tellern anrichten. Das Hummerfleisch sollte noch glasig sein.

Aus Ketchup, Mayonnaise, Orangensaft, Sherry und Meerrettich eine cremige Cocktailsauce anrühren, abschmecken und über die Hummerscheiben träufeln. Zum Schluss schwarze Walnüsse darüberreiben.

TIPP

Schwarze Walnüsse sind keine exotische Nussart, sondern Walnüsse, die noch unreif gepflückt und in Zuckersirup eingelegt werden, wodurch sie ihre charakteristische schwarze Farbe erhalten. Auch zu Käse und Wild schmecken sie sehr gut.

Pulpo-Carpaccio
mit Orangen-Avocado-Salat

Für 4 Personen
Zubereitungszeit: 30 Minuten
Garzeit: 1,5 Stunden

Für den Pulpo
1 frischer, kleiner Pulpo (ca. 600 g)
Meersalz
1 Lorbeerblatt
3 Weinkorken

Für den Salat
8 EL Orangensaft
8 Orangen
5 EL Honig
Salz, Pfeffer
5 EL weißer Balsamico
7 EL Olivenöl
1 Kopf Romanasalat
2 Avocados
4 EL Lime Juice
1 Bund Minze

Den Kopf des Pulpo abtrennen, die Fangarme (mit Körperteil) einzeln abtrennen und gut waschen. Den Pulpo mit Salz, Lorbeerblatt, Korken und 4 l Wasser aufsetzen. Zum Kochen bringen und den Pulpo in ca. 1,5 Stunden weich kochen (Nadelprobe machen). Herausnehmen und abkühlen lassen. Mit einem scharfen Messer schräg in ca. 3 mm feine, längliche Scheiben schneiden.

Orangensaft mit der abgeriebenen Schale von 3 Orangen und Honig aufkochen. Mit Salz und Pfeffer abschmecken. Etwas abkühlen lassen und mit Balsamico und Olivenöl zu einem Dressing vermischen.

Den Romanasalat waschen und in eine Schale geben. Avocados schälen und vom Kern lösen. In Streifen schneiden und mit Lime Juice marinieren. Minze waschen und Blätter abzupfen. Orangen schälen und filetieren. Den Salat mit Minze, Avocadostreifen und Orangenfilets auf dem Carpaccio anrichten und alles mit dem Orangen-Honig-Dressing marinieren. Mit Salz und Pfeffer aus der Mühle bestreuen.

Gerd Käfer TIPP
Pulpo wird traditionell zusammen mit Weinkorken gekocht. Diese entziehen dem Fleisch die Bitterstoffe und helfen dabei, dass es schön weich wird.

Pulpo-Carpaccio
mit Brotsalat und Tomaten-Vinaigrette

Für 4 Personen
Zubereitungszeit: 40 Minuten
Garzeit: 1,5 Stunden

Für den Pulpo
1 frischer, kleiner Pulpo
Meersalz, Lorbeerblatt
3 Weinkorken
Saft von 1 Limone
Salz, Pfeffer

Für den Brotsalat
3 Knoblauchzehen
1 rote Zwiebel
1 Dose geschälte Tomaten (200 g)
je 1 EL Sherry u. Rotweinessig
5 EL dunkler Balsamico
1 TL Senf
Salz, Pfeffer, Zucker, Olivenöl
1 Bund Basilikum
Saft von 1 Limone
Mineralwasser
1 Ciabattabrot
Thymian, Rosmarin
1 Lauchzwiebel
1 Stange Staudensellerie
5 Kirschtomaten

Den frischen Pulpo wie auf S. 81 kochen. Herausnehmen, in mittelgroße Stücke schneiden, nochmals erhitzen und fest in Klarsichtfolie und Alufolie eindrehen, so dass eine gleichmäßige Rolle entsteht. Kühl stellen bis die Masse geliert. Den gepressten Pulpo auf der Aufschnittmaschine in feine Scheiben schneiden und flach auf Tellern anrichten. Mit Limonesaft marinieren, mit Salz und Pfeffer aus der Mühle würzen.

Für das Dressing 1 Knoblauchzehe und Zwiebel schälen und würfeln. Mit dem Fond der geschälten Tomaten, Sherry, Rotweinessig, Balsamico und Senf im Mixer pürieren. Mit Salz, Pfeffer und Zucker würzen, unter ständigem Rühren Öl zulaufen lassen, bis ein sämiges Dressing entsteht. Basilikum in feine Streifen, Tomaten in Würfel schneiden und untermischen. Mit Limonensaft abschmecken und vor dem Marinieren mit einem Schuss Mineralwasser aufrühren.

Ciabatta in 1 cm große Würfel schneiden. Mit Olivenöl, Knoblauch, Thymian und Rosmarin goldgelb rösten. Lauchzwiebel und Staudensellerie in feine Streifen schneiden. Mit Brotwürfeln und Dressing mischen. Kirschtomaten vierteln und zugeben. Den Brotsalat mittig auf den Tellern anrichten und mit dem Grün des Staudenselleries garnieren. Pulpo mit dem restlichen Dressing marinieren.

Gerd Käfer TIPP
Wer das Gericht lieber mit gefrorenem statt frischem Pulpo zubereiten möchte, muss darauf achten, dass sich dann die Garzeit stark verkürzt.

ELLEGRINO
75cl

Gemüse

Zucchini-Carpaccio
mit Rosmarin

Für 4 Personen
Zubereitungszeit: 20 Minuten

2 Zucchini
Olivenöl
Salz, Pfeffer, Zucker
3 Knoblauchzehen
4 Zweige Rosmarin
Saft von 1 Zitrone
Fleur de Sel
schwarzer Pfeffer aus der Mühle

Die Zucchini waschen und trocken tupfen. Mit einem Sparschäler oder scharfen Messer längs in ca. 3 mm dicke Streifen schneiden. Olivenöl, Salz, Pfeffer und Zucker in einer Schüssel verrühren und die Zucchini-Streifen darin kurz marinieren.

In einer Pfanne mit den angedrückten Knoblauchzehen und dem Rosmarin von beiden Seiten kurz anbraten und herausnehmen. Die Zucchini-Streifen auf einem flachen Teller ausbreiten, so dass sie schnell abkühlen und schön grün bleiben.

Die abgekühlten Zucchini-Streifen locker in der Mitte der Teller anrichten. Mit Zitronensaft und frischem Olivenöl beträufeln. Mit Fleur de Sel und Pfeffer bestreuen.

TIPP

Statt Zitronensaft kann man auch Balsamico-Creme verwenden und das Zucchini-Carpaccio mit Huflattichblüten garnieren. Die frischen Blüten dafür bei milder Hitze kurz in Öl anbraten und mit etwas Honig karamellisieren.

Gurken-Carpaccio
mit Dillrahm und frittierter Zucchiniblüte

Für 4 Personen
Zubereitungszeit: 25 Minuten

2 Gurken
3 EL Sauerrahm
Saft von 1 Zitrone
½ Bund Dill
Salz, Pfeffer, Zucker
1 Ei
150 ml Mineralwasser
100 g Reismehl (Asialaden)
4 Zucchiniblüten

Die Gurken schälen und in 3 gleich große Stücke teilen. Auf der Aufschnittmaschine längs in feine Scheiben schneiden.

Die Hälfte der Gurkenscheiben in feine Streifen schneiden. Aus Sauerrahm, Zitronensaft und gehacktem Dill ein Dressing anrühren, mit Salz, Pfeffer und Zucker abschmecken und die Gurkenstreifen damit marinieren.

Mit einem Teelöffel auf die Mitte jeder Gurkenscheibe einen Klecks marinierte Gurkenstreifen geben und die Scheibe zusammenklappen. Pro Teller 4 gefüllte Gurkenzungen anrichten.

Für den Tempura-Teig das Ei mit ca. 150 ml eiskaltem Mineralwasser aufschlagen, Mehl dazugeben und kurz unterrühren. Die Zucchiniblüten durch den Teig ziehen und etwas abtropfen lassen. In heißem Fett frittieren und mit Salz und Pfeffer würzen. Das Gurken-Carpaccio mit je 1 Zucchiniblüte und dem restlichen Sauerrahmdressing anrichten.

Tomaten-Carpaccio
mit Bärlauchpesto

Für 4 Personen
Zubereitungszeit: 20 Minuten

6 Strauchtomaten
1 Schalotte
1 Bund Bärlauch
1 EL Pinienkerne
150 ml Olivenöl
Salz, Pfeffer, Zucker
Crema di Balsamico

Die Tomaten waschen und den grünen Strunk entfernen. Tomaten 1 Minute in kochendes Wasser legen, mit kaltem Wasser abschrecken und die Haut abziehen.

Die Schalotte schälen und fein würfeln. Den Bärlauch waschen und 8 Blätter als Dekoration beiseitelegen. Restlichen Bärlauch mit Pinienkernen und Olivenöl im Mixer zu einem Pesto verarbeiten. Mit Salz, Pfeffer und Zucker abschmecken.

Tomaten in feine Scheiben schneiden und anrichten. Mit Salz und Pfeffer würzen. Mit Olivenöl und Balsamicocreme garnieren und mit Bärlauchpesto beträufeln. Die Bärlauchblätter in feine Streifen schneiden und das Carpaccio damit dekorieren.

TIPP

Das Bärlauchpesto lässt sich gut mit weicher Butter vermischen. Als Aufstrich für Baguette und Crostini ist es im Frühling eine leckere Beilage zu Carpaccio oder Salat.

Paprika-Carpaccio
mit Parmaschinken und frischen Oliven

Für 4 Personen
Zubereitungszeit: 45 Minuten

8 rote Paprikaschoten
8 gelbe Paprikaschoten
3 Knoblauchzehen
1 Bund Rosmarin
1 Bund Thymian
250 ml Olivenöl
Salz, Pfeffer, Zucker
200 g Parmaschinken
1 Glas schwarze Oliven

Paprika waschen, entkernen und vierteln. Knoblauch schälen und fein würfeln. Kräuter waschen und abzupfen. Paprika mit Olivenöl, Knoblauch, Kräutern und Gewürzen in eine große Schüssel geben und gut mischen, so dass die Paprikastücke rundum mit Öl und Gewürzen bedeckt sind. Paprika ca. 20 Minuten ziehen lassen.

Paprikastücke mit der Haut nach oben auf ein mit Alufolie ausgelegtes Blech legen. Für ca. 10 Minuten bei 160 °C in den Backofen schieben. Herausnehmen, dicht mit Alufolie abdecken und 2–3 Minuten ruhen lassen. Haut mit einem kleinen Messer abziehen.

Paprikaviertel in Stücke schneiden und mithilfe eines Metallrings kreisförmig auf den Tellern anrichten. Mit etwas Fond vom Blech beträufeln und würzen. Parmaschinken locker auf dem Carpaccio anrichten. Oliven fein hacken und darüberstreuen.

TIPP

Statt Parmaschinken kann man auch spanische Chorizosalami in feine Scheiben schneiden und zum Paprika-Carpaccio servieren.

Antipasti-Carpaccio
mit roten Zwiebeln und Parmesan

Für 4 Personen
Zubereitungszeit: 40 Minuten

2 Zucchini
1 Aubergine
500 ml Olivenöl
5 Knoblauchzehen
1 Bund Rosmarin
1 Bund Thymian
300 ml weißer Balsamico
10 Champignons
1 rote Zwiebel
120 g Parmesan

Zuchini und Aubergine waschen und die Enden abschneiden. Der Länge nach in Viertel teilen, das Innere mit einem scharfen Messer entfernen. Die Viertel in feine Scheiben schneiden.

Getrennt in Olivenöl anbraten, 2 Knoblauchzehen andrücken und mit Rosmarin und Thymian dazugeben. Auberginen mit Balsamico ablöschen. Zucchini erst kurz vor dem Anrichten mit Balsamico marinieren.

Champignons putzen und jeweils in 3 Scheiben schneiden. In Olivenöl mit Knoblauch und Thymian scharf anbraten, würzen und mit Balsamico ablöschen. In tiefen Tellern anrichten. Zwiebel schälen und fein würfeln. Ein Nest aus Zucchini- und Auberginenstreifen auf die Champignons setzen. Mit Zwiebelwürfeln bestreuen und frischen Parmesan darüberreiben.

TIPP

Dazu passen karamellisierte Perlzwiebeln: Etwas Zucker in einem Topf karamellisieren, Perlzwiebeln dazugeben und mit 200 ml Grenadine ablöschen. 1 Zweig Rosmarin und 1 angedrückte Knoblauchzehe dazugeben und einmal aufkochen. Die Perlzwiebeln im Fond abkühlen lassen, bis sie schön rot sind.

Karotten-Carpaccio
mit Zitrusfrüchten und Honig-Orangen-Vinaigrette

Für 4 Personen
Zubereitungszeit: 20 Minuten

5 Karotten
je 1 Orange, Blutorange
und Grapefruit
1 Schalotte
Olivenöl
2 EL weißer Balsamico
3 EL Honig
250 ml Orangensaft
(von den Orangen)
4 EL Kürbiskernöl
Salz, Pfeffer, Zucker
Kürbis- oder Walnusskerne
Kerbel zur Garnitur

Die Karotten schälen und mit einem scharfen Messer oder einem Sparschäler der Länge nach in dünne Scheiben schneiden.

Orangen und Grapefruit schälen, so dass die weiße Haut vollständig entfernt wird. Fruchtfilets mit einem kleinen Messer zwischen den Trennwänden herausschneiden. Dabei den austretenden Saft auffangen. Fruchtfilets und Karottenstreifen zusammen in tiefen Tellern anrichten.

Für die Vinaigrette die Schalotte schälen und fein würfeln. In einer Pfanne mit Öl langsam glasig dünsten, mit Balsamico ablöschen. Den Honig dazugeben und mit dem Saft der filetierten Orangen auffüllen. Vom Herd nehmen und das Kürbiskernöl unter ständigem Rühren langsam in den Fond einlaufen lassen. Mit Salz, Pfeffer und Zucker abschmecken.

Das Karotten-Carpaccio mit der Orangen-Vinaigrette übergießen und mit gerösteten Kürbis- oder Walnusskernen und frischem Kerbel garnieren.

Spargel-Carpaccio
mit Parmaschinken-Chips und Schalotten-Vinaigrette

Für 4 Personen
Zubereitungszeit: 45 Minuten

Für das Carpaccio
250 g grüner Spargel
250 g weißer Spargel
100 g Butter
Salz
Saft von 1 Zitrone
8 Scheiben Parmaschinken
Weißwein

Für die Vinaigrette
2 Schalotten
50 ml Kochfond vom Spargel
4 EL weißer Balsamico
1 TL Dijonsenf
½ Knoblauchzehe
2 EL Walnussöl
4 EL Olivenöl
Salz, Pfeffer, Zucker
1 Kopf Friséesalat
1 Schälchen Kresse
1 EL Sonnenblumenkerne

Den Spargel schälen und längs in Streifen schneiden. Wasser mit etwas Butter, Salz und Zitronensaft aufkochen und den Spargel hineingeben. Bissfest garen und in kaltem Wasser abschrecken.

Für die Schinken-Chips den rohen Schinken zwischen Pergamentpapier auf ein Backblech legen, beschweren und im Ofen bei 180 °C ca. 10–15 Minuten backen. Herausnehmen und abkühlen lassen.

Schalotten schälen und in feine Würfel schneiden. Spargelfond, Balsamico, Senf und Knoblauch mit dem Pürierstab aufschäumen. Bei laufendem Mixer langsam die Öle zulaufen lassen, bis ein sämiges Dressing entsteht. Mit Salz, Pfeffer und Zucker abschmecken und die Zwiebelwürfel unterrühren.

Frisée und Kresse waschen und trocken schleudern. Die kalten Spargelstreifen halbieren, in heißer Butter schwenken und abschmecken. Mit dem restlichen Zitronensaft und Weißwein ablöschen. Vom Herd nehmen und den Fond mit einem Stück kalter Butter binden.

Weißen und grünen Spargel abwechselnd anrichten und den Fond darüberträufeln. Ein Nest aus Frisée und Kresse daraufsetzen und mit der Schalottten-Vinaigrette marinieren. Mit Schinken-Chips und Sonnenblumenkernen garnieren.

Rote-Bete-Carpaccio
mit Sauerrahm-Senf-Schaum

Für 4 Personen
Zubereitungszeit: 30 Minuten

2 Rote Bete (vakuumiert)
Salz, Pfeffer
1 Handvoll Feldsalat
1 Zwiebel
100 g Crème fraîche od. Sauerrahm
4 EL weißer Balsamico
2 EL Portwein
1 EL Senf
1 TL Honig
½ Bund Petersilie
1 Stück frischer Meerrettich

Die Rote Bete in dünne Scheiben schneiden oder hobeln und fächerartig auf den Tellern anrichten. Mit Pfeffer und Salz aus der Mühle bestreuen. Feldsalat waschen, putzen und das Carpaccio damit garnieren.

Die Zwiebel schälen und fein würfeln. Crème fraîche mit Zwiebeln, Balsamico, Portwein, Senf und Honig zu einem schmackhaften Schmand verrühren und über die Rote Bete träufeln.

Zum Schluss die Petersilie fein hacken und über das Carpaccio streuen. Etwas frischen Meerettich darüberreiben.

TIPP
Wer es etwas herzhafter mag, kann 2 hart gekochte und fein gehackte Eier unter den Schmand rühren.

Rettich-Apfel-Carpaccio
mit Himbeer-Kombucha-Dressing

Für 4 Personen
Zubereitungszeit: 25 Minuten

Für das Carpaccio
½ Rettich
¼ Bund Kerbel
4 Äpfel
Saft von ½ Zitrone
100 g frische Himbeeren

Für das Dressing
1 Schalotte
¼ Knoblauchzehe
50 ml Himbeeressig
100 ml Kombucha
1 TL Senf
50 g Himbeeren
Schale von 1 Limone
70 ml Traubenkernöl
80 ml Walnussöl
Salz, Pfeffer, Zucker

Den Rettich schälen und längs in feine Streifen hobeln. Kerbel waschen und Blättchen fein hacken. Äpfel waschen und ungeschält in dünne Scheiben schneiden. Das Kerngehäuse mit einem Apfelausstecher entfernen. Apfelscheiben in etwas Zitronensaft und Kombucha marinieren und anrichten.

Schalotte und Knoblauch schälen und grob würfeln. Mit Essig, Kombucha, Senf, 50 g Himbeeren und Limonenschale in den Mixer geben und kurz mixen. Bei laufendem Mixer langsam die Öle zulaufen lassen, bis ein sämiges Dressing entsteht. Mit Salz, Pfeffer und Zucker abschmecken.

Rettichstreifen auf den Äpfeln anrichten und das Dressing darübergeben. Mit gehacktem Kerbel und frischen Himbeeren garnieren.

TIPP
Dazu passen ein leichter Frühlingssalat aus Frisée und Rucola und ein kühler Kombucha-Drink mit frischem Himbeermark.

Fenchel-Kohlrabi-Carpaccio
mit Pumpernickel-Frischkäse-Kugeln

Für 4 Personen
Zubereitungszeit: 20 Minuten

1 große Fenchelknolle
Saft und Schale von 2 Limonen
3 EL Orangensaft
4 EL Olivenöl
Salz, Pfeffer, Zucker
1 Kohlrabi
Fenchelgrün
200 g Frischkäse
1 Chilischote
geriebener Pumpernickel

Den Fenchel waschen und mit einem scharfen Messer in dünne Scheiben schneiden. In einer beschichteten Pfanne in Olivenöl kurz von beiden Seiten anbraten, bis der Fenchel goldgelb ist. Mit Salz und Pfeffer würzen.

Saft von 1 Limone, Orangensaft und Olivenöl zu einem Dressing verrühren und abschmecken. Den Kohlrabi waschen und fein würfeln. Mit Fenchelgrün und Orangendressing mischen.

Den Frischkäse mit Salz, Pfeffer und einem Schuss Limonensaft abschmecken. Die Chilischote waschen, entkernen und fein hacken. Schale von 1 Limone fein abreiben. Aus dem Frischkäse kleine Kugeln formen; in Limonenzesten, Chili und Pumpernickel wälzen.

Das Fenchel-Carpaccio auf einer Platte mit dem Kohlrabisalat anrichten und mit je 3 Frischkäsekugeln garnieren.

Kürbis-Carpaccio
mit Holunder-Honig-Marinade

Für 4 Personen
Zubereitungszeit: 35 Minuten

320 g Hokkaido-Kürbis
1 Schalotte
½ Knoblauchzehe
150 ml Holunderbeersaft
1 Limone
1 TL Honig
¼ Vanilleschote
4 EL Honigessig
Olivenöl und Nussöl
Salz, Pfeffer
100 g Kürbiskerne
1 Kopf Friséesalat

Den Kürbis waschen, entkernen und mit Schale in 3–4 mm feine Scheiben schneiden. In kochendem Salzwasser bissfest garen. Die Kürbisscheiben auf einer Platte anrichten.

Schalotte und Knoblauch schälen, fein würfeln und in Öl glasig dünsten. Mit Holunder- und Limonensaft ablöschen. Honig und Vanille zugeben und den Sud auf die Hälfte einkochen lassen.

Den abgekühlten Sud mit Honigessig abschmecken. Öle unter ständigem Rühren dazugießen, bis ein sämiges Dressing entsteht. Mit Salz und Pfeffer abschmecken.

Kürbiskerne in einer Pfanne ohne Öl anrösten. Den Salat waschen und trocken schleudern. Das Carpaccio damit garnieren und alles mit Holunder-Honig-Dressing marinieren. Die gerösteten Kürbiskerne darüberstreuen.

Süßkartoffel-Carpaccio
mit lauwarmem Pak-Choi-Salat

Für 4 Personen
Zubereitungszeit: 45 Minuten

Für das Carpaccio
2 Süßkartoffeln
Saft von 2 Limetten
1 TL Honig oder Rohrzucker
1 EL Cachaça
(Zuckerrohr-Schnaps)
2 EL Olivenöl
Salz, Pfeffer
gemahlener Koriander

Für den Salat
1 Knoblauchzehe
1 Lauchzwiebel
1 Karotte
1 rote Paprikaschote
500 g Pak-Choi
1 Chilischote
½ Stange Zitronengras
Oliven- und Sesamöl
Weißwein, weißer Balsamico
Currypulver
Salz, Pfeffer, Zucker
Chilifäden und frischer Koriander
zur Garnitur

Für das Carpaccio die Süßkartoffeln schälen und in ca. 3 mm feine Scheiben schneiden. In kochendem Salzwasser bissfest blanchieren.

Für die Marinade Limettensaft mit Honig, Cachaça und Öl zu einem sämigen Dressing verrühren, mit Salz, Pfeffer und Koriander abschmecken. Die Kartoffelscheiben darin marinieren und flach auf den Tellern anrichten.

Für den Salat Knoblauch schälen und fein würfeln, Lauchzwiebel putzen und den weißen Teil klein schneiden. Karotte schälen, der Länge nach halbieren und in Scheiben schneiden. Paprika waschen und in feine Streifen schneiden. Pak-Choi putzen, waschen und in Streifen schneiden. Chilischote waschen, entkernen und fein würfeln, Zitronengras anquetschen und in grobe Stücke schneiden.

Zwiebeln und Knoblauch in Sesam- und Olivenöl anbraten. Karotten, Paprika und zum Schluss Pak-Choi zugeben und mitbraten. Chili und Zitronengras beigeben, mit Weißwein ablöschen und bei geschlossenem Deckel kurz garen, so dass das Gemüse noch Biss hat. Mit Balsamico, Curry, Salz, Pfeffer und Zucker abschmecken, Zitronengras entfernen.

Den Pak-Choi-Salat in kleinen Schälchen anrichten und mit dem Süßkartoffel-Carpaccio servieren. Mit frischem Koriander und Chilifäden garnieren.

Topinambur-Carpaccio
mit Chili-Guacamole

Für 4 Personen
Zubereitungszeit: 20 Minuten

2 Topinamburknollen
Gemüsebrühe
1 Msp. Safran
1 Avocado
Saft von 2 Limonen
100 g Crème fraîche
Salz, Pfeffer, Zucker
1 Tomate
Olivenöl
1 Chilischote
Chilifäden zur Garnitur

Die Topinamburknollen schälen und in feine Scheiben schneiden. In einem Fond aus Gemüsebrühe und Safran leicht weich köcheln. Vom Herd nehmen und im Fond auskühlen lassen, damit der Topinambur schön gelb wird.

Avocado schälen und vom Kern lösen. Das Fruchtfleisch mit einer Gabel zerdrücken und mit Limonensaft und Crème fraîche zu einer Guacamole verarbeiten. Mit Salz und Pfeffer abschmecken.

Die Tomate waschen und den grünen Strunk entfernen. 1 Minute in heißes Wasser legen, abschrecken und die Haut abziehen. Tomate vierteln, entkernen und in feine Würfel schneiden. Die Chili fein hacken und mit den Tomatenwürfeln unter die Guacamole mischen. Mit Salz, Pfeffer und Zucker abschmecken.

Auf jeden Teller 1 EL Guacamole geben und die Topinamburscheiben darauf anrichten. Mit Chilifäden oder frittierten Rote-Bete-Streifen garnieren.

Gerd Käfer TIPP
Dazu passt ein einfaches Dressing aus Crème fraîche und Limonensaft, abgeschmeckt mit Salz, Pfeffer und Zucker.

Gari-Carpaccio
mit asiatischem Glasnudelsalat

Für 4 Personen
Zubereitungszeit: 60 Minuten
Ruhezeit: 48 Stunden

Für den Gari
400 g Ingwer
250 ml Mirin (Reisweinessig)
2 EL Zucker, 2 TL Salz
Grenadine

Für das Gewürzöl
1 Stange Zitronengras
2 Chilischoten
2 Knoblauchzehen
2 Zweige Thymian
300 ml Olivenöl, 50 ml Sesamöl

Für den Glasnudelsalat
1 rote u. gelbe Paprikaschote
1 Karotte
100 g Mungobohnensprossen
200 ml Sojasauce
80 g Glasnudeln

Für das Dressing
½ Schalotte, 1 Knoblauchzehe
1 Chilischote
400 ml Kokosmilch
1 TL grüne Currypaste
4–5 EL weißer Balsamico
2 EL Weißwein
Saft von 1 Limone
3 EL gehackter Koriander
Oliven- u. Sesamöl (Verhältnis 4:1)

Den Ingwer schälen, in dünne Scheiben schneiden, auslegen und salzen. Ca. 10 Minuten ziehen lassen, abspülen und abtropfen lassen. Mirin mit Zucker und Salz aufkochen und Ingwer hineingeben. Ca. 1 Minute kochen, einen Schuss Grenadine zugeben und alles in ein Einmachglas füllen. Gut verschlossen 2 Tage lang kühl stellen und ziehen lassen.

Die Zutaten für das Gewürzöl grob hacken, in Öl einlegen und ziehen lassen. Paprika vierteln und in dünne Streifen schneiden. Karotte halbieren und längs in feine Scheiben schneiden. Paprika, Karotten und Sprossen einzeln im Gewürzöl anbraten, mit Sojasauce ablöschen und mit Salz, Pfeffer und Zucker abschmecken. Das Gemüse sollte noch Biss haben. Die Glasnudeln in reichlich Salzwasser kochen und mit dem Gemüse in eine Schüssel geben.

Schalotte und Knoblauch schälen und hacken. Chili waschen und fein schneiden. Mit den restlichen Zutaten im Mixer oder mit dem Pürierstab zerkleinern. Bei laufendem Mixer langsam Oliven- und Sesamöl zulaufen lassen, bis ein sämiges Dressing entsteht. Mit Salz, Pfeffer und Zucker abschmecken.

Den fertigen Gari auf Tellern anrichten. Nudelsalat mit Dressing mischen und zum Ingwer-Carpaccio servieren.

Gerd Käfer TIPP
Dazu passt frischer Thunfisch, kurz in Erdnussöl angebraten und mit geröstetem Sesam garniert.

Früchte & Käse

Erdbeer-Carpaccio
mit altem Balsamico und Vanilleeis

Für 4 Personen
Zubereitungszeit: 30 Minuten
Kühlzeit: 60 Minuten

1 Vanilleschote
750 ml Milch
5 Eigelb
135 g Zucker
5 g Johannisbrotkernmehl
1 kg Erdbeeren
alter, gereifter Aceto balsamico di Modena
gehackte Pistazien zur Garnitur

Die Vanilleschote längs halbieren und das Mark mit einem Messer herausschaben. Die Milch mit Vanilleschote und -mark aufkochen, die Schotenstücke herausnehmen.

Mit einem Schneebesen die Eigelbe mit Zucker und Johannisbrotkernmehl cremig rühren. Die heiße Vanille-Milch unter Rühren zur Eigelbcreme gießen. Über dem heißen Wasserbad rühren, bis die Eier binden. Dann über Eiswasser kalt rühren, damit das Ei nicht gerinnt. Die Creme ist fertig, wenn sie zur Rose abgezogen ist.

Die Creme durch ein Sieb passieren und abkühlen lassen. Anschließend 20–30 Minuten in der Eismaschine gefrieren. Oder 4–5 Stunden in einer Metallschüssel ins Gefrierfach stellen. Die Masse dabei zwischendurch immer wieder kräftig durchrühren.

Die Erdbeeren waschen und abtropfen lassen. Die Stiele entfernen und die Früchte mit einem scharfen Messer längs in feine Scheiben schneiden.

Das Erdbeer-Carpaccio kreisförmig anrichten und je 1 Kugel Eis in die Mitte geben. Vorsichtig etwas Balsamico darübergeben und mit gehackten Pistazien garnieren.

Rhabarber-Carpaccio
mit Mandelhippen und frischen Himbeeren

Für 4 Personen
Zubereitungszeit: 60 Minuten
Ruhezeit: 24 Stunden

Für das Carpaccio
4 Stangen Rhabarber
500 ml Wasser
100 g Zucker
½ Vanilleschote
100 g TK-Himbeeren
frische Himbeeren zur Garnitur

Für die Mandelhippen
50 g Mehl
100 g Puderzucker
100 g Grießzucker
100 g Mandelgrieß
100 ml Orangensaft
100 g flüssige Butter

Für das Mandelsabayon
6 Eigelb
150 g Zucker
100 ml Milch
100 ml Amaretto
40 g geröstete, gehackte Mandeln

Den Rhabarber schälen und die Schalen mit Wasser, Zucker, Vanille und Himbeeren aufkochen. Den Sud durch ein Sieb passieren. Rhabarberstangen in 12 cm lange Stücke schneiden. Die Stücke in feine Streifen schneiden und im heißen Himbeer-Rhabarber-Sud gar ziehen lassen.

Für die Mandelhippen Mehl, Zucker und Mandelgrieß in einer Schüssel vermischen. Orangensaft und flüssige Butter dazugeben. Mit dem Schneebesen zu einem glatten Teig verrühren. Vor dem Verarbeiten 24 Stunden kühl ruhen lassen.

Als Schablone für die Hippen aus fester Pappe einen Ring (ca. 10 cm Ø) ausschneiden. Ein Backblech mit Backpapier belegen und den Backofen auf 180 °C vorheizen. Schablone auf das Backpapier legen, knapp 1 TL Teig in die Mitte geben und mit einem Messer dünn verstreichen. Schablone vom Papier nehmen und weitere Hippen auf das Backpapier aufstreichen. Ca. 4 Minuten backen, bis die Hippen goldgelb sind. Nacheinander mithilfe eines Tafelmessers sofort vom Backblech lösen und zu Eistüten formen.

Für das Sabayon Eigelbe, Zucker, Milch und Amaretto in einer Metallschüssel mit dem Schneebesen verrühren, bis sich der Zucker ganz aufgelöst hat. Die Schüssel in ein heißes Wasserbad stellen und die Mischung in 4–5 Minuten dick-cremig aufschlagen. Im kalten Wasserbad 2–3 Minuten schlagen, bis die Sauce abgekühlt ist. Vor dem Servieren noch 10 Minuten ruhen lassen. Die gerösteten Mandeln unterziehen.

Das Rhabarber-Carpaccio auf Tellern anrichten. Die Hippen mit Himbeeren füllen und das Sabayon darübergeben.

Feigen-Carpaccio
mit Mangomousse und Cassiscoulis

Für 4 Personen
Zubereitungszeit: 60 Minuten
Kühlzeit: 2 Stunden

Für das Carpaccio
6 reife Feigen
1 reife Mango

Für die Mousse
4 Blatt Gelatine
100 g Mangopüree (Feinkostgeschäft) od. Mangosaft
70 g Zucker
20 ml Zitronensaft
400 ml Sahne

Für die Coulis
½ Blatt Gelatine
200 g Cassispüree od. Johannisbeersaft
130 ml Orangensaft
20 ml Crème de Cassis (Johannisbeerlikör)
50 g Zucker

4 Feigen vorsichtig schälen und einzeln zwischen Klarsichtfolie – am besten mit einem schweren Stieltopf – vorsichtig plattieren, bis sie einen Durchmesser von ca. 10 cm haben. Im Eisfach des Kühlschranks leicht anfrieren lassen. So lässt sich die Klarsichtfolie später ganz einfach lösen. Das Carpaccio wird nicht braun und lässt sich so gut vorbereiten.

Für die Mangomousse die Gelatine in kaltem Wasser einweichen. Mangopüree mit Zucker und Zitronensaft mischen. Etwas von der Masse abnehmen, leicht erwärmen und die Gelatine darin auflösen. Unter die restliche Mangomasse rühren und die geschlagene Sahne vorsichtig unterziehen. In Timbaleförmchen füllen und 2 Stunden in den Kühlschrank stellen.

Für die Cassiscoulis die Gelatine einweichen. Die restlichen Zutaten miteinander vermischen, etwas davon abnehmen, leicht erwärmen und die Gelatine darin auflösen. Unter die Cassiscoulis rühren und kurz kalt stellen.

Die Coulis mit einem Pinsel dünn auf die Teller auftragen, das Carpaccio darauflegen. Die Mousse aus der Form stürzen und auf das Carpaccio setzen. Mit frischen Mangostreifen und Feigenscheiben garnieren.

ÖVENPICK

Apfel-Carpaccio

mit Zitronen-Minze-Pesto und Apfelsorbet

Für 4 Personen
Zubereitungszeit: 60 Minuten
Kühlzeit: 3–4 Stunden

500 g Apfelpüree (ungesüßt)
125 g Zucker
5 g Johannisbrotkernmehl
30 ml Zitronensaft
200 ml Wasser
1 Bund Minze
brauner Zucker
100 g Pinienkerne
Schale und Saft von 1 Zitrone
Olivenöl
Salz
4 Äpfel (Granny Smith)

Für das Sorbet Apfelpüree mit Zucker, Johannisbrotkernmehl, Zitronensaft und Wasser verrühren und 10 Minuten quellen lassen. In eine Metallschüssel füllen und 3–4 Stunden unter gelegentlichem Rühren gefrieren lassen. Oder in die Eismaschine geben.

Für das Pesto Minze waschen und die Blätter fein hacken. Mit Zucker, Pinienkernen und Zitronenschale im Mörser zu einem Pesto verarbeiten. Abwechselnd Zitronensaft und Olivenöl zugeben, bis die richtige Konsistenz erreicht ist. Mit etwas Salz abschmecken.

Für das Carpaccio die Äpfel waschen und auf der Aufschnittmaschine oder mit einem scharfen Messer hauchdünn aufschneiden. Das Apfelcarpaccio auf Tellern anrichten und mit Zitronensaft bestreichen. Mit Minzpesto und einer Kugel Apfelsorbet servieren.

TIPP

Noch erfrischender schmeckt das Sorbet, wenn es – mit kühlem Apfelsecco aufgegossen – in kleinen Sektgläsern zum Carpaccio serviert wird.

Safranbirnen-Carpaccio
mit weißer Mousse au Chocolat und Birnenchips

Für 4 Personen
Zubereitungszeit: 60 Minuten
Kühlzeit: 2–3 Stunden

Für das Carpaccio
6 reife Birnen
Puderzucker
500 ml Weißwein
100 g Zucker
1 Msp. Safran
Mark von 1 Vanilleschote
weißer Balsamico

Für die Mousse
3 Blatt Gelatine
20 g Zucker
2 Eigelb
2 Eier
250 g weiße Schokolade
40 ml weißer Rum
500 ml Sahne

Für die Birnenchips 2 Birnen waschen und hauchdünn aufschneiden. Auf Backmatten legen, mit etwas Puderzucker bestreuen und bei 70 °C im Backofen trocknen.

Für die Mousse Gelatine in kaltem Wasser einweichen. Zucker, Eigelb und Ei über dem Wasserbad schaumig schlagen und über Eiswasser kalt rühren. Die weiße Schokolade über dem Wasserbad oder in der Mikrowelle schmelzen. Darauf achten, dass sie nicht zu heiß wird.

Den Rum leicht erwärmen und die eingeweichte Gelatine darin auflösen. Auf keinen Fall aufkochen lassen. Flüssige Schokolade unter die Eigelbmasse rühren, die aufgelöste Gelatine dazugeben. Sahne schlagen und unter die abgekühlte Masse heben. Mousse in eine Schüssel füllen und 2–3 Stunden in den Kühlschrank stellen.

Weißwein mit 500 ml Wasser, Zucker, Safran und Vanille aufkochen. Die geschälten Birnen je nach Größe und Reife 20–30 Minuten im leicht köchelnden Sud gar ziehen lassen. Aus dem Sud nehmen und im Kühlschrank abkühlen lassen. Währenddessen den Sud auf die Hälfte einreduzieren und mit Balsamico abschmecken.

Die Birnen aus dem Kühlschrank nehmen, dünn aufschneiden und auf den Tellern anrichten. Mit dem eingekochten Sud bestreichen. Je 2 Nocken Mousse au Chocolat daraufsetzen und mit Birnenchips garnieren.

Ananas-Carpaccio
mit Kokosnuss-Panna-cotta und frischen Himbeeren

Für 4 Personen
Zubereitungszeit: 45 Minuten
Kühlzeit: 3 Stunden

4 Blatt Gelatine
60 g Kokosflocken
500 ml Kokosmilch
60 g Zucker
100 ml Wasser od. Ananassaft
100 g Zucker
¼ Vanilleschote
1 reife Ananas
50 g Haselnusskrokant
500 g frische Himbeeren
Batida de Coco
schwarzer Pfeffer aus der Mühle

Für die Panna cotta die Gelatine in kaltem Wasser einweichen. Kokosflocken in einer Pfanne ohne Öl leicht rösten. Kokosmilch mit Zucker und Kokosflocken aufkochen. Den Topf vom Herd nehmen, die eingeweichte Gelatine ausdrücken und in der warmen Kokosmilch auflösen. Die Panna cotta in eine flache Form füllen (max. 3 cm hoch) und 2–3 Stunden in den Kühlschrank stellen.

Für den Vanilleläuterzucker Wasser oder Ananassaft mit Zucker und Vanille aufkochen, 1 Minute kochen lassen und als Sauce zum Carpaccio reichen.

Für das Carpaccio die Ananas schälen. Auf der Küchenmaschine oder mit einem scharfen Messer in dünne Scheiben schneiden.

Die Panna cotta aus dem Kühlschrank nehmen und in 2 cm große Würfel schneiden. Vorsichtig in Krokantsplittern wälzen. Die Ananasscheiben mit der Panna cotta anrichten. Mit Himbeeren und Batida de Coco garnieren. Eine Prise frisch gemahlenen Pfeffer darüberstreuen.

Ananas-Carpaccio
mit Peperoni-Zitronen-Vinaigrette

Für 4 Personen
Zubereitungszeit: 60 Minuten

1 rote Peperoni
1 Stange Zitronengras
100 ml Weißwein
100 ml Zitronengrasöl
20 ml weißer Balsamico
1 reife Ananas

Für die Vinaigrette die Peperoni waschen, entkernen und in feine Würfel schneiden. Zitronengras längs halbieren und anquetschen. Wein erwärmen, Zitronengras zugeben und 15 Minuten ziehen lassen. Herausnehmen und den lauwarmen Wein in ein hohes Gefäß füllen. Mit einem Pürierstab Öl und Balsamico unterrühren, bis die Vinaigrette emulgiert. Peperoni zugeben.

Die Ananas schälen, in feine Scheiben schneiden und den Strunk entfernen. Ananas-Carpaccio mit der Vinaigrette bestreichen. Dazu passt am besten eine Kugel Kokoseis.

Mango-Carpaccio
mit Schokoladenparfait

Für 4 Personen
Zubereitungszeit: 60 Minuten
Kühlzeit: 3–4 Stunden

Für das Carpaccio
2 Mangos
Puderzucker und
Schokoladenraspel zur Garnitur

Für das Parfait
6 Eigelb
100 ml Milch
150 g Zucker
600 ml Sahne
240 g Kuvertüre

Für das Parfait Eigelbe, Milch und Zucker in einer Metallschüssel mit dem Schneebesen verrühren, bis sich der Zucker ganz aufgelöst hat. Die Schüssel in ein heißes Wasserbad stellen und die Mischung locker cremig aufschlagen. Die Masse über dem kalten Wasserbad kalt rühren.

Die Sahne aufschlagen. Die Kuvertüre über dem warmen Wasserbad oder in der Mikrowelle auflösen. Darauf achten, dass die Schokolade dabei nicht zu heiß wird. Die aufgelöste Kuvertüre vorsichtig unter die Eigelb-Masse mischen und die geschlagene Sahne unterheben. Die Parfait-Masse in Espressotassen füllen und 3–4 Stunden ins Gefrierfach stellen.

Die Mangos waschen, schälen und auf der Aufschnittmaschine längs dünn aufschneiden. Dabei vorsichtig um den Kern herumschneiden.

Die Espressotassen aus dem Gefrierfach nehmen und kurz unter heißes Wasser halten. Das Parfait mit einem glatten Messer vom Tassenrand lösen und stürzen. Das Parfait in die Mitte der Teller setzen. Das Mango-Carpaccio darum anrichten, mit Puderzucker bestäuben und mit Schokoraspel garnieren.

Mango-Carpaccio
mit Honig-Ingwer-Sud

Für 4 Personen
Zubereitungszeit: 40 Minuten

2 Mangos
1 Stück (5 cm) Ingwer
500 ml Weißwein
100 g Honig
1 Stange Zitronengras

Die Mangos schälen und vom Kern schneiden. Mangohälften in eine gebutterte und gezuckerte Backform legen. Ingwer schälen und in Scheiben schneiden. Weißwein erhitzen, Honig darin auflösen, Zitronengras und Ingwer zugeben. Den Sud über die Mangos gießen und für 20 Minuten bei 200 °C (Umluft 180 °C) in den Backofen stellen.

Herausnehmen, abkühlen lassen und den restlichen Sud etwas einreduzieren lassen. Die Mangos in dünne Scheiben schneiden, in tiefen Tellern anrichten mit dem Sud aufgießen.

Pfirsich-Melba-Carpaccio
mit Vanilleeis und Himbeersauce

Für 4 Personen
Zubereitungszeit: 30 Minuten

4 reife Pfirsiche
300 g Himbeeren
50 g Zucker
20 ml Zitronensaft
80 ml Orangensaft
Himbeergeist od. Grand Marnier

Für das Carpaccio die Haut der Pfirsiche oben über Kreuz einschneiden. Pfirsiche in kochendem Wasser kurz blanchieren, in Eiswasser abschrecken und die Haut abziehen. Früchte halbieren, entkernen und auf der Aufschnittmaschine in möglichst dünne Scheiben schneiden. Auf Tellern anrichten, mit etwas Zitronensaft bestreichen und mit Puderzucker bestreuen.

Für die Himbeersauce die frischen Himbeeren mit Zucker, Zitronen- und Orangensaft leicht pürieren. Nach Geschmack mit Himbeergeist oder Grand Marnier verfeinern. Das Carpaccio mit einer Kugel Vanilleeis (Rezept S. 116) garnieren und mit Himbeersauce beträufelt servieren.

Bergpfirsich-Carpaccio
mit Himbeervinaigrette und weißem Schokoladeneis

Für 4 Personen
Zubereitungszeit: 30 Minuten

4 reife, weiße Bergpfirsiche
280 g Himbeerpüree
20 ml weißer Balsamico
fruchtiges Olivenöl
Zucker, Salz
3 Eigelb
60 g Zucker
3 g Johannisbrotkernmehl
500 ml Sahne
100 g weiße Schokolade

Die Pfirsiche wie oben angegeben blanchieren und schälen. Für die Himbeervinaigrette Himbeerpüree und Balsamico mit dem Pürierstab mischen, das Öl bei laufendem Pürierstab langsam dazugießen, bis ein sämiges Dressing entsteht. Die Teller mit der abgeschmeckten Vinaigrette bestreichen. Pfirsiche dünn aufschneiden und darauflegen.

Aus Eigelben, Zucker, Johannisbrotkernmehl und Sahne eine Eismasse herstellen (siehe Vanilleeis-Rezept S. 116). Die aufgelöste weiße Schokolade unterrühren und alles ca. 30 Minuten in der Eismaschine gefrieren. Das Carpaccio mit einer Kugel weißem Schokoladeneis garnieren.

Kiwi-Carpaccio
mit Passionsfrucht-Joghurt-Mousse

Für 4 Personen
Zubereitungszeit: 60 Minuten
Kühlzeit: ca. 2 Stunden

4 Blatt Gelatine
200 g Joghurt
75 g Zucker
50 ml Passionsfruchtsaft
250 ml Sahne
8 Kiwis
4 Passionsfrüchte

Für die Joghurtmousse die Gelatine in Eiswasser einweichen. Joghurt und Zucker verrühren. Den Passionsfruchtsaft einmal kurz aufkochen lassen (sonst zerstört die Säure die Gelatine), die Gelatine im heißen Saft auflösen. Die Gelatine-Passionsfucht-Masse unter den Joghurt rühren. Die Sahne schlagen und vorsichtig unterheben. In eine Schüssel füllen und 2 Stunden in den Kühlschrank stellen.

Die fertige Mousse aus dem Kühlschrank nehmen und in einen Spritzbeutel füllen. Vorsichtig in die Mitte der Teller aufspritzen.

Kiwis schälen, in dünne Scheiben schneiden und die Mousse damit belegen. Passionsfrüchte halbieren, je eine Hälfte als Dekoration auf die Teller setzen. Die andere Hälfte auslöffeln und das Fruchtmark um das Carpaccio verteilen.

Melonen-Carpaccio
mit Honig-Minze-Perlen und Zitronenschaum

Für 4 Personen
Zubereitungszeit: 60 Minuten

Für das Carpaccio
½ Charantemelone
½ Honigmelone
Puderzucker
10 Blätter Minze

Für den Zitronenschaum
200 ml Zitronensaft
Schale von 1 Zitrone
10 Eigelb
200 g Zucker
50 ml Sahne

Die Charantemelone waschen, schälen, halbieren und entkernen. Fruchtfleisch auf der Aufschnittmaschine hauchdünn aufschneiden und auf Tellern anrichten. Dünn mit Puderzucker bestreuen.

Die Honigmelone schälen und mit einem Kugelausstecher kleine Kugeln ausstechen. Minze waschen, in feine Streifen schneiden, mit den Melonenkugeln vermischen und auf dem Carpaccio verteilen.

Für den Zitronenschaum alle Zutaten in einer Schüssel mit dem Schneebesen verrühren und über dem warmen Wasserbad aufschlagen, bis die Creme bindet. Herausnehmen und über Eiswasser kalt rühren. Zitronenschaum über das Carpaccio geben.

Gerd Käfer TIPP
Den Zitronenschaum kann man auch mit Limonensaft zubereiten und nach Geschmack mit einem Schuss Limoncello (ital. Zitronenlikör) verfeinern.

Bataten-Carpaccio
mit karamellisierten Pekannüssen

Für 4 Personen
Zubereitungszeit: 20 Minuten
Backzeit: ca. 30 Minuten

4 Bataten
Meersalz
Butter, Puderzucker
250 g Pekannüsse
brauner Rohrzucker
Zimt-Zucker

Die Bataten wie Ofenkartoffeln auf Salz im Backofen bei 170 °C ca. 30–40 Minuten garen. Abkühlen lassen und schälen. In dünne Scheiben schneiden und in einer Pfanne mit Butter und etwas Puderzucker anbraten.

Die Pekannüsse mit dem Rohrzucker in einer Pfanne erwärmen, bis der Zucker karamellisiert und die Nüsse geröstet sind. Wenn der Karamell goldbraun ist, die Nüsse auf ein mit Öl eingefettetes Blech geben, mit einem Löffel auseinanderziehen und abkühlen lassen.

Die Bataten auf vorgewärmten Tellern anrichten, mit Zimt-Zucker bestreuen und mit den karamellisierten Pekannüssen garnieren.

TIPP

Die süßen Knollen der Bataten oder Süßkartoffeln können wie Kartoffeln gekocht, geröstet oder gebraten werden. Auch mit würzigen Saucen kombiniert und als Gemüse zubereitet schmecken sie sehr gut. Einfach mal das Rezept von S. 109 ausprobieren.

Fruchtgelee-Carpaccio
mit Sauerrahm-Mousse und frischen Beeren

Für 4 Personen
Zubereitungszeit: 60 Minuten
Kühlzeit: 2–3 Stunden

Für die Mousse
2 Blatt Gelatine
2 Eigelb
50 g Zucker
Abrieb von 1 Limone
Abrieb von 1 Orange
200 g saure Sahne
20 ml Zitronensaft
200 ml Sahne

Für das Fruchtgelee
500 g Mangopüree
500 g Himbeerpüree
500 g Heidelbeerpüree
pro 500 g Fruchtpüree:
- je 50 ml Zitronensaft
- je 50 g Zucker
- je 5 Blatt Gelatine

frische Beeren der Saison

Für die Mousse Gelatine in Eiswasser einweichen. Eigelb, Zucker, Orangen- und Limonenschale mit dem Handrührgerät schaumig schlagen. Saure Sahne vorsichtig unterrühren. Gelatine ausdrücken und im warmen Zitronensaft auflösen, unter die Eigelb-Sauerrahm-Masse rühren und die geschlagene Sahne unterheben. In eine tiefe Schüssel füllen und für 2–3 Stunden kalt stellen.

Für das Fruchtgelee die Gelatine in Eiswasser einweichen. Jeweils 50 g Fruchtpüree, Zitronensaft und Zucker erwärmen und die Gelatine darin auflösen. Vom Herd nehmen und das restliche Püree dazugeben. In ein flaches Blech füllen (ca. 3–4 mm hoch), auskühlen und gelieren lassen. Mit einem runden Ausstecher feine Plättchen ausstechen.

Die Plättchen abwechselnd überlappend auf Teller legen. In die Mitte eine Nocke Sauerrahm-Mousse setzen und die frischen Beeren darüber verteilen.

Brownie-Carpaccio
mit Nougatparfait und Cranberry-Sauce

Für 4 Personen
Zubereitungszeit: 50 Minuten
Backzeit: ca. 40 Minuten
Kühlzeit: 2–3 Stunden

Für den Brownie
650 g Kuvertüre
450 g weiche Butter
800 g Zucker
8 Eier
500 g Mehl
½ TL Backpulver
400 g gehackte Walnüsse

Für das Parfait
4 Eigelb
125 g Zucker
75 g Nougat
500 ml Sahne

Für die Cranberry-Sauce
300 g frische Cranberrys
100 g Zucker
200 ml Cranberrysaft
1 Prise Zimt
Mondamin

Für den Brownie Kuvertüre über dem Wasserbad schmelzen. Mit Butter und Zucker mischen und zu einer homogenen Masse verrühren. Eier unterrühren, Mehl und Backpulver hineinsieben und so lange weiterrühren, bis ein glatter Teig entsteht. Walnüsse unterheben und den Teig in die vorbereitete Backform füllen. Ca. 30–40 Minuten bei 200 °C (Umluft 180 °C) backen.

Brownie auskühlen lassen und aus der Form stürzen. In dünne Scheiben schneiden und auf den Tellern anrichten. Wenn das Carpaccio nicht gleich serviert wird, die Teller mit Klarsichtfolie abdecken, damit das Gebäck nicht austrocknet.

Eine Terrinenform vorsichtig von innen mit Wasser benetzen und mit Klarsichtfolie auslegen. Zum Vorkühlen ins Gefrierfach stellen. Für das Parfait Eigelbe und Zucker über dem warmen Wasserbad aufschlagen und über Eiswasser kalt rühren (nicht schlagen!). Nougat vorsichtig auflösen und unter die kalte Eiermasse rühren. Sahne schlagen und unterheben. Nougat-Masse in die Terrine füllen und für 2–3 Stunden ins Gefrierfach stellen.

Cranberrys waschen. Zucker in einem Topf karamellisieren lassen, mit Cranberrysaft ablöschen. Wenn der Zucker aufgelöst ist, Beeren dazugeben und einmal aufkochen lassen. Mit Zimt abschmecken, ganz leicht mit etwas Mondamin abbinden, noch einmal aufkochen lassen und vom Herd nehmen.

Das Parfait aus der Form stürzen, in Scheiben schneiden und auf dem Carpaccio anrichten. Mit der Cranberry-Sauce garnieren.

Apfel-Carpaccio
mit lauwarmen Flusskrebsschwänzen

Für 4 Personen
Zubereitungszeit: 25 Minuten

3 Äpfel
Saft von 1 Limone
Olivenöl
350 g Flusskrebsschwänze
1 Knoblauchzehe
1 Bund Thymian
200 g Crème fraîche
Zucker, Fleur de Sel
schwarzer Pfeffer aus der Mühle

Die Äpfel waschen und mit einem Ausstecher das Kerngehäuse entfernen. Die ganzen Äpfel in dünne Scheiben hobeln und gefächert auf den Tellern anrichten. Mit Limonensaft bestreichen und etwas Olivenöl darübergeben.

Flusskrebsschwänze in einer heißen Pfanne mit etwas Öl, Knoblauch und Thymian kurz anbraten und abschmecken. Auf den Äpfeln anrichten. Crème fraîche mit dem restlichen Limonensaft und dem Fond aus der Pfanne glatt rühren und abschmecken. Über das Carpaccio geben und mit Thymianblättchen garnieren.

Birnen-Carpaccio
mit geräucherter Entenbrust

Für 4 Personen
Zubereitungszeit: 20 Minuten

4 Birnen
Saft von 1 Zitrone
½ rote Zwiebel
6 EL weißer Balsamico
5 EL Walnussöl
Salz, Pfeffer, Zucker
2 geräucherte Entenbrüste
1 TL gehackter Majoran
1 TL gehackte Walnüsse

Die Birnen waschen, das Kerngehäuse mit einem Apfelausstecher entfernen. Birnen auf der Aufschnittmaschine in feine Scheiben schneiden und auf den Tellern als Fächer anrichten. Mit Zitronensaft bestreichen.

Zwiebel schälen und in sehr feine Würfel schneiden. Mit Balsamico und Walnussöl verrühren. Mit Salz, Pfeffer und Zucker abschmecken. Die Entenbrust, am besten mit der Aufschnittmaschine, in feine Scheiben schneiden. Als Rosen auf dem Carpaccio anrichten und mit dem Dressing marinieren. Gehackten Majoran und Walnüsse darüberstreuen.

Apfel-Carpaccio
mit gebratenem Picandou

Für 4 Personen
Zubereitungszeit: 45 Minuten

20 ml Weißweinessig
Saft von ½ Zitrone
60 ml Olivenöl
grobes Meersalz
frischer Pfeffer aus der Mühle
1 Bund Radieschen
50 g Pinienkerne
4 Äpfel, leicht säuerlich
4 Picandou-Taler (Ziegenfrischkäse)
4 Scheiben Frühstücksspeck

Essig und Zitronensaft mit Olivenöl zu einer sämigen Vinaigrette aufschlagen. Mit Salz und Pfeffer abschmecken. Die Teller für das Carpaccio damit bestreichen.

Die Radieschen waschen und putzen, in Stiftchen schneiden oder grob raspeln und mit der Vinaigrette marinieren. Die Pinienkerne in einer Pfanne ohne Öl rösten und mit den Radieschen mischen.

Die Äpfel waschen und auf der Aufschnittmaschine oder mit einem scharfen Messer hauchdünn schneiden. Auf den vorbereiteten Tellern auslegen und die Radieschen darauf anrichten.

Den Picandou mit je 1 Scheibe Frühstücksspeck umwickeln. In einer beschichteten Pfanne anbraten und auf das Carpaccio setzen.

Carpacciofächer
von der Williamsbirne

Für 4 Personen
Zubereitungszeit: 30 Minuten

4 große Williamsbirnen
200 g brauner Zucker
500 ml Weißwein
½ Stange Zimt
1 Sternanis
weißer Balsamico
Williamsbirnenschnaps
schwarze Walnüsse zur Garnitur

Die Birnen schälen, halbieren und das Kerngehäuse entfernen. Den Zucker in einem Topf karamellisieren lassen. Mit Weißwein ablöschen, Zimt und Sternanis dazugeben und einmal aufkochen lassen.

Die Birnen in den Weißweinfond legen und weich ziehen lassen. Zum Schluss einen Schuss Balsamico und Williamsbirnenschnaps dazugeben. Die Birnen im Fond auskühlen lassen, herausnehmen und die Birnenhälften fächerförmig einschneiden. Auf Tellern anrichten, mit etwas Sud beträufeln und schwarze Walnüsse darüberreiben. Dazu schmecken milder Gorgonzola, Tiroler Schinken und Oliven- oder Tomatenbrot.

Mango-Mozzarella-Carpaccio
im Radicchioblatt mit Balsamico-Creme

Für 4 Personen
Zubereitungszeit: 15 Minuten

- 2 Mangos
- 400 g Büffelmozzarella
- 1 Kopf Radicchio
- Salz, Pfeffer
- ½ Bund Basilikum
- 80 g Pinienkerne
- Crema di Balsamico
- Olivenöl

Mangos schälen und in möglichst feine Scheiben schneiden. Mozzarella abtropfen lassen und in Scheiben schneiden. Radicchioblätter vorsichtig ablösen und waschen. Je ein Radicchioblatt als Schale für das Carpaccio verwenden. Mozzarella und Mango darin anrichten. Mit Salz und Pfeffer aus der Mühle würzen.

Basilikum waschen und trocken schütteln. Pinienkerne in einer Pfanne ohne Öl goldbraun rösten. Basilikumblätter in feine Streifen schneiden und mit den Pinienkernen über das Carpaccio streuen. Mit Balsamico-Creme und Olivenöl beträufeln.

TIPP
Auch Tomaten, Steckrüben, Zucchini oder Paprika schmecken – in hauchdünne Scheiben geschnitten – gut zu Mozzarella. Statt mit Balsamico-Creme und Olivenöl kann man das Carpaccio auch mit verschiedenen Pestos marinieren.

Lauwarmes Ziegenkäse-Carpaccio
mit Baby-Leaf-Salat und Kräuter-Crackern

Für 4 Personen
Zubereitungszeit: 25 Minuten

1 Packung Frühlingsrollenteig (ca. 200 g)
Olivenöl
gehackte Kräuter
2 Rollen Ziegenkäse (à 200 g)
Lavendelhonig zum Marinieren
300 g Baby-Leaf-Salat
1 Schalotte
1 Knoblauchzehe
1 Kirschtomate
1 TL Senf
50 ml Brühe
30 ml Rotwein
5 Blätter Basilikum
100 ml Balsamico
4 EL Olivenöl
Salz, Pfeffer, Zucker
Crema di Balsamico
rosa Pfefferkörner
schwarzer Pfeffer aus der Mühle

Die quadratischen Teigblätter einmal diagonal halbieren, sodass gleichmäßige Dreiecke entstehen. Mit etwas Olivenöl bestreichen und mit gehackten Kräutern bestreuen. Im Backofen bei ca. 180 °C kurz backen, bis die Cracker goldbraun und knusprig sind.

Den Ziegenkäse in ca. 1 cm dicke Scheiben schneiden. Den Honig leicht erwärmen, bis er schön flüssig ist und die Käsescheiben kurz damit marinieren.

Ein Blech mit Backpapier auslegen. Je 3 Scheiben Ziegenkäse und Teigecken abwechselnd zu einem kleinen Turm aufschichten. Mit Fleur de Sel bestreuen und bei ca. 150 °C kurz in den Backofen schieben, bis der Käse lauwarm, aber nicht flüssig ist.

Den Salat waschen und trocken schleudern. Schalotte und Knoblauch schälen und fein würfeln. Mit Tomate, Senf, Brühe, Wein, Basilikum und Balsamico in den Mixer geben und kurz anmixen. Bei laufendem Mixer langsam das Olivenöl dazugießen, bis ein sämiges Dressing entsteht. Mit Salz, Pfeffer und Zucker abschmecken und den Salat damit marinieren.

Salat anrichten, mit Balsamicocreme und rosa Pfeffer garnieren und vorsichtig je 1 Ziegenkäseturm daraufsetzen. Etwas schwarzen Pfeffer darübermahlen.

Gerd Käfer TIPP
Die Kombination aus Ziegenkäse und Honig ist einfach unschlagbar. Aber auch zusammen mit Früchten wie Pfirsichen, Aprikosen oder Datteln schmeckt er einfach wunderbar.

Pfeffer
bunt

Taleggio-Carpaccio
mit roter Zwiebelmarmelade und Mango-Chutney

Für 4 Personen
Zubereitungszeit: 60 Minuten

Für das Carpaccio
600 g Taleggio
1 Ciabattabrot
1 Knoblauchzehe
Olivenöl

Für die Zwiebelmarmelade
2 rote Zwiebeln
1 Knoblauchzehe
1 Zweig Thymian
1 Zweig Rosmarin
200 ml Grenadine

Für das Mango-Chutney
1 Mango
2 Schalotten
1 Knoblauchzehe
1 Schuss Weißwein
1 Chilischote
1 Lorbeerblatt
Salz, Pfeffer, Muskat

Den Taleggio entrinden und in feine Scheiben schneiden. Auf geölten Tellern sternförmig anrichten.

Zwiebeln schälen, würfeln und in Olivenöl anschwitzen. Knoblauch andrücken, mit Thymian und Rosmarin zu den Zwiebeln geben und mit Grenadine ablöschen. Ca. 5 Minuten einkochen lassen, bis die Flüssigkeit fast vollständig verdampft ist. Knoblauch und Kräuter entfernen und die Zwiebelmarmelade beiseitestellen.

Mango, Schalotten und Knoblauch schälen und fein würfeln. Schalotten mit Knoblauch in Öl anschwitzen. Die Hälfte der Mangowürfel dazugeben und mit einem Schuss Weißwein ablöschen. Chili halbieren und mit dem Lorbeerblatt zu den Mangowürfeln geben. Einkochen lassen, bis die Würfel zerfallen und die Mango die Konsistenz von Marmelade bekommt. Mit Salz, Pfeffer und Muskat abschmecken und vom Herd nehmen. Chili und Lorbeer entfernen und die restlichen Mangowürfel untermischen.

Ciabatta in dünne Scheiben schneiden; in Olivenöl beidseitig anrösten und mit Knoblauch einreiben.

Mit einem Teelöffel kleine Nocken Zwiebelmarmelade und Mango-Chutney auf dem Taleggio-Carpaccio anrichten. Mit geröstetem Knoblauch-Ciabatta servieren.

Register

Impressum

Mit 85 Farbfotos von Meike Bergmann

Umschlaggestaltung von solutioncube GmbH, Reutlingen
unter Verwendung von Fotos von Luzia Ellert und Meike Bergmann

Gerd Käfer bedankt sich bei folgenden Firmen für die jahrelange, gute Zusammenarbeit und für die Unterstützung bei der Realisierung dieses Buches:

Alois Dallmayr Gastro-Service GmbH & Co. KG, Backhaus Grimminger GmbH, Denecke Molkereierzeugnisse GmbH, Fuchs Gewürze GmbH, Gärtnerei Grob, Fischbauer-Kühlmöbel – Sonderanfertigungen – Innenausbau f. Hotels u. Gaststätten, Henkell & Co. Sektkellerei KG, WMF Württembergische Metallwarenfabrik AG, Import von Fischspezialitäten und Meeresfrüchten Schmorow GmbH, Hussel Süßwaren-Fachgeschäfte GmbH, Nestlé Waters Deutschland AG, Borco-Marken-Import Matthiesen GmbH & Co. KG, Chopard Deutschland GmbH, Lebensmittel-Becker GmbH & Co. KG, Nestlé Schöller GmbH & Co. KG, Red Bull Deutschland GmbH, Paulaner Brauerei GmbH & Co. KG

Gedruckt auf chlorfrei gebleichtem Papier

ISBN 978-3-440-11745-3
Texte: Ricarda Nolte
Foodfotografie: Meike Bergmann
Foodstyling: Christiane Wenzel
Redaktion: Anna Ziegler
Layout und Satz: solutioncube GmbH, Reutlingen
Produktion: Eva Schmidt
Printed in The Czech Republic / Imprimé en République Tchèque

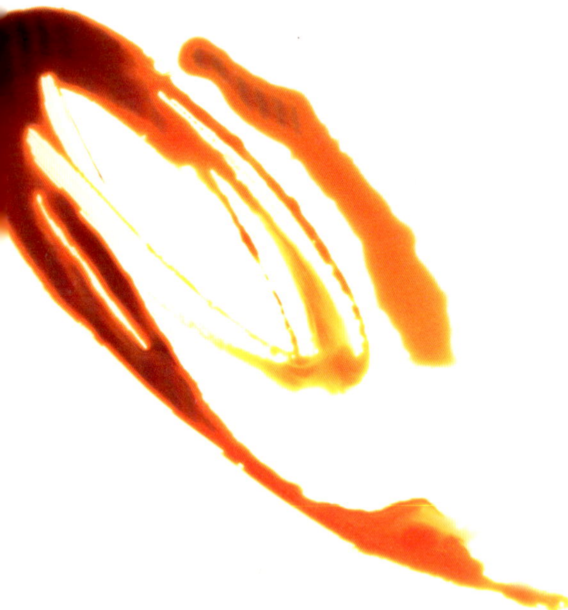